合作社管理基础

章志平 主编

浙江工商大学出版社
ZHEJIANG GONGSHANG UNIVERSITY PRESS

图书在版编目(CIP)数据

合作社管理基础 / 章志平主编. — 杭州:浙江工商大学出版社,2012.8

ISBN 978-7-81140-562-0

Ⅰ. ①合… Ⅱ. ①章… Ⅲ. ①农业合作社—管理—研究—中国 Ⅳ. ①F321.42

中国版本图书馆 CIP 数据核字(2012)第 170888 号

合作社管理基础

章志平 主编

责任编辑	任晓燕 柯 希
封面设计	王好驰
责任印制	汪 俊
出版发行	浙江工商大学出版社
	(杭州市教工路 198 号 邮政编码 310012)
	(E-mail:zjgsupress@163.com)
	(网址:http://www.zjgsupress.com)
	电话:0571 - 88904980,88831806(传真)
排 版	杭州朝曦图文设计有限公司
印 刷	杭州杭新印务有限公司
开 本	787mm×960mm 1/16
印 张	13.25
字 数	224 千
版 印 次	2012 年 8 月第 1 版 2012 年 8 月第 1 次印刷
书 号	ISBN 978-7-81140-562-0
定 价	28.00 元

版权所有 翻印必究 印装差错 负责调换

浙江工商大学出版社营销部邮购电话 0571 - 88804227

合作社教育系列丛书
编写委员会

主　任：陈德泉
副主任：章志平　张广花
委　员：章志平　张广花　许为民
　　　　何　勤　王　强　尹　飞
　　　　叶传盛　倪丽丽　林建华

序

近年来,我国合作社事业蓬勃发展,方兴未艾,呈现出数量增长快、带动农户多、产业分布广、服务内容宽等特征。但从整体上看,我国绝大多数农民专业合作社规模小、管理不规范、市场竞争力不强,这与目前中国农民专业合作社人员,尤其是经营管理人员受教育程度低、缺乏合作社知识等有很大关系。合作社要想参与市场竞争,就需要有懂得现代经营管理的人才。

对一个国家或地区而言,农民合作社事业的发展有益于缩小城乡差别、减少社会不公、平衡社会发展等。而发展这一伟大的事业,需要大批甘愿为农民服务的专业组织者和领导者以及大量合格的经营管理人才。因此,发达国家十分重视开展合作社教育,尤其在合作社事业的起步阶段,很多国家的政府都是合作社教育的直接推动者。

据统计,我国农村居民人均受教育年限仅为 7.6 年,具有小学和初中文化水平的农民占农村总人口数的 75%;农村劳动力中接受过短期职业培训的占 20%,接受过初级职业技术培训或教育的占 3.4%,接受过中等职业技术教育的不到 2%,没有接受过技术培训的高达 76.4%。而美国、加拿大、荷兰、德国、日本的农村劳动力受过职业培训的比例都达 70% 以上。发达国家的合作社发展久经不衰,与其合作社教育事业的发达是分不开的。

在欧美发达国家,对从事农业的人员要求受过高等教育,合作社经营管理人员更是需要接受专门的教育和培训,包括合作社制度、合作社管理、合作社经营,甚至市场营销等专门知识和技巧。这些教育和培训使合作社经营管理人员具备了专业的管理知识、丰富的营销经验和较强的驾驭市场的能力,充分保证了合作社的良性发展。

如何借鉴欧美发达国家的经验,整合现有的农业教育培训资源,构建覆盖学历教育、职业教育、农村基础教育等多层次的合作社教育体系是教育工作者必须关注和研究的课题。

"工欲善其事，必先利其器"，编写一套符合我国合作社教育特点的教材就显得迫切而且十分有意义。浙江农业商贸职业学院 2011 年在全国率先开设合作社专业，章志平教授和张广花副教授等编写的这套丛书是我院积极开展合作社教育、落实"服务三农"定位的又一个重要成绩。我希望这套丛书能被从事农民专业合作经济组织经营与管理的专业人才、农村或城镇中有志于从事农业经营管理的专业人才、合作社职业经理人所喜爱和认可；也期望这套丛书作为高等教育、农业成人教育、普通农业中专教育、农村经济组织经营管理人才培训、城镇岗位培训以及农村经济管理干部培训的参考书。

在本丛书的编写和出版过程中，得到了浙江工商大学出版社等单位的大力支持，在此一并表示衷心的感谢！

陈德泉
2012 年 7 月

前　言

　　合作是人类社会的一种普遍现象。随着社会的进步和人类的发展,合作的范围越来越广,其中经济合作逐渐成为最重要和最主要的合作形式之一。中国农村实行家庭联产承包经营后,伴随着市场经济的发展和农业商品化、产业化的深入,广大农民自发地组织起来,在产前、产中、产后开展合作,办起了各种形式的专业合作组织。这种以家庭承包经营为基础,以互助互利为内容,以"民办、民管、民受益"为特征的新型合作组织,适应了现阶段生产力发展的要求,符合市场经济发展的需要,具有强大的生命力,为解决千家万户生产与千变万化市场的对接问题,为推动农业规模化、标准化和产业化发展,为促进农业增效、农民增收、农村和谐,找到了新的途径,奠定了新的基础。

　　发展农民专业合作组织,需要社会方方面面的支持,需要广大农民群众的广泛参与,也需要大批懂理论、善经营的人才去指导和引领。培训教育是合作社事业的重要组成部分,也是合作社原则的重要内容。加强培训教育,为合作社发展提供智力和人才支撑,是推进合作社健康发展的基础性工作,是政府部门强化指导服务、促进合作社发展的重要途径,也是世界各国合作社发展的普遍经验。该教材面向从事农民专业合作组织经营与管理的专门人才,适用于高等教育、农业成人教育、普通农业中专教育、农村经济组织经营管理人才培训,城镇岗位培训以及农村经济管理干部培训,也可以作为农村或城镇中有志于从事农业经营管理的专门人才、合作社职业经理人的参考书。

　　《合作社管理基础》内容主要包括合作社概述、合作社组织模式及流程、合作社内部管理模式、合作社经营模式、我国政府对合作社的管理、国际合作社发展经验、新农村建设中合作社展望七个部分。

　　本书在编写过程中得到了浙江农业商贸职业学院领导的大力支持,编委会的成员参与该书的策划工作,为该教材的顺利出版做了大量的工作;同时该教材在编写中也借鉴了许多专家的研究成果,在此一并表示衷心感谢。

　　由于编者水平有限,错漏之处一定难免,敬请专家、读者批评指正!

章志平

2012 年 1 月

目　录

合作社概述

▶素质目标

　　了解合作社的概念范畴,能够对不同的农民专业合作组织进行分类比较。

▶技能目标

　　1.能够用文字表达合作社的含义及特点。
　　2.利用网络搜索相关数据,书写介绍合作社的短小文章。

▶知识目标

　　1.了解合作社的重要性。
　　2.明确合作社的相关概念。
　　3.了解合作社的分类。
　　4.能够区分合作社与其他组织。

▶阅读材料

罗虚代尔公平先锋社

　　被称为世界第一个成功的合作社——罗虚代尔公平先锋社诞生于1844年的英国罗虚代尔镇。罗虚代尔镇位于兰克夏和约克夏的边缘地带,距离重要的工业城市曼彻斯特约40千米,这里是英国的纺织工业中心地区。当时,该镇有2.5万多人口,周围有4万多居民。该镇手工纺织业非常发达,出产毛纺织品和法兰绒已有几百年历史,在英国久负盛名。

　　1820年,该镇的工场主买进了第一部棉纺织机,以后陆续引进了多种纺织机械。资本主义的机器大工业给手工业者带来了巨大的威胁,那些凭借手工技巧谋生的小生产者无法与使用机器的资本家工场竞争,相继破产失业。这些手工业者为了维护生存的权利,曾经发起一些捣毁机器等暴乱的行动,但都遭到政府军队的镇压。为了生存,这些手工业者不得不丢弃原有的手工技术,到资本家的工场里做工,成为现代工厂制度的俘虏。随着失业者的增多,游离于劳动市场出卖劳动力的人数越来越多,劳动市场的供求关系发生了明显变化,从而使劳动力的价格日益下降。

纺织厂工作的工人月工资开始约为 1 英镑,到了 1840 年降到 7 先令左右,女工只能拿到男工的 1/3,即 2 先令 6 便士。同时,工场大量使用廉价的童工,每周只发给 1 便士工资。不仅如此,工场主常常以到指定商店购物的购货券代替工资现金,那里不但商品质量差,而且价格较高,这就使工人获得的实际工资更低。工人受到了工场主和商业资本家的双重剥削,生活状况日益恶化。当时英国下议院一位议员的报告称罗虚代尔镇是"饥饿之城"。

为了改变这种处境,罗虚代尔镇的工人举行了一些罢工斗争,目的是推动工厂立法,推行 10 小时工作制,反对降低工资。但是由于当时的工人阶级还处于自发的经济斗争阶段,作为工人阶级争取彻底解放的政治思想武器——科学社会主义还没有产生,所以这些斗争没有取得多大成果。这时,一些工人运动的领导者,决定利用工人自己的力量组织消费合作社,以解决工人群众的生活困难。

1843 年罗虚代尔镇的 13 名工人发起组织合作社,定名为罗虚代尔公平先锋社。经过长期的讨论,他们提出一套成立合作社的计划,并决定筹集股金,自愿入社者每人 1 英镑。到 1844 年决定参加合作社的已增至 28 人,共收股金 28 英镑。于是,1844 年 8 月 11 日举行了成立大会,通过了合作社章程。同年 10 月 24 日核准登记,12 月 21 日晚正式开始营业。

在罗虚代尔公平先锋社章程中,明确提出了建社的目的是增加社员经济利益,改善社员社会地位及家庭境况。他们制订了如下发展计划:

第一,设立食品、服装等商店一所;

第二,在自愿互助基础上,为社员购置或建筑住宅;

第三,建立工场,制造社员所需物品;

第四,租赁或购置土地,以供失业社员或收入甚微不足以维持生活的社员耕作;

第五,建立合作新村,从事生产、分配、教育及自治等工作;

第六,提倡节约,在社内设立禁酒食堂一所。

为了实现上述计划,他们同时制订了经营管理方面的原则:

第一,社员表决权一律平等,即1人1票,不因出资多少而有差异;

第二,对于政治宗教,保持中立地位;

第三,合作社盈余按社员向合作社购买额多寡分配;

第四,于合作社盈余中提取2.5%为社员教育费用;

第五,按照市价出售货物;

第六,实行现金交易,不赊购赊销;

第七,遵守公平交易,保质保量的标准。

罗虚代尔公平先锋社制定的这些原则,后经国际合作社联盟整理、修订成为国际合作社原则,作为各类合作社赖以存在的准则。

由于合作社开始只有28英镑股金,经营规模较小,只是在该镇的蛤蟆巷租了一间楼下小铺作营业处,每星期六晚上营业,职员由社员义务担任,所经营的商品也都是生活必需的面粉、白糖、黄油等。在全体社员的努力下,合作社排除了多重障碍,逐步发展起来,到1870年股金已达5500英镑,贸易额达到223000英镑,在改善社员生活条件方面,发挥了很大作用。

(资料来源:http://www.ccfc.zju.edu.cn,中国农民合作社研究网,2011-01-26)

一、了解合作社

▷阅读材料

浙江省温岭市石桥头蔬菜合作社于2000年8月应运而生。该社由镇农技推广队伍发起,按照"民办、民管、民享、民受益"的原则,由蔬菜购销大户、种植大户、科技示范户和镇农技管理人员自愿组成。通过合作社这一载体,把农户与农户、农户与镇农技人员结成风险共担、利益共享的经济共同体。该合作社按照股份合作制的模式进行运转。社员以入股的形式加入合作社,每人缴纳入社费100元,股份每股1000元。每个社员最低不少于1股,最高不得超过20股,同时也可以用实物、技术、土地等作为入社股金。社员入社自愿,退社自由。退社时不退入社费,其股金在年度结算后退还,不享受分红,但要承担风险。合作社利润分配采用股金分红和利润方式返还。合作社成立初期共有67名社员,199份股份,股金总额19.9万元。目前合作社社员已发展到 101 名。合作社内部设理事会、监事会。理事会下设营销部、基地部、科技部和加工部。合作社坚持"为社员服务,增加社员收入"的宗旨,注重建基地、创品牌、树典型、重服务,显示出强大的生命力。

1. 注重基地建设和品牌建设

为解决原有各家各户的分散种植,合作社通过协调使田块集中成片种植,推进适度规模经营。着重抓了两个基地建设:一是稳定 2500 亩蔬菜基地。2001 年 10 月,该合作社利用反租倒包的形式,与 21 个行政村签订承包合同,取得了 1600 亩海塘田的经营权和使用权,并分别与各种植大户签订转包合同。二是加快千亩"放心菜"基地建设。2000 年 9 月开始试种的"放心菜"在 11 月初少量投放市场后,消费者反映良好。目前,"放心菜"基地的选址及前期基础设施建设已经完成。同时,该合作社为确保农产品的品质,严格执行浙江省有关生产标准,致力于打响品牌,着手进行工商登记,注册"山禾"牌商标,农副产品统一使用一个商标,制定统一的生产技术标准,推行标准化生产。经市防疫站检验,"山禾"牌石桥头红薯面的产品质量标准符合国家食品卫生标准。

2. 引导农户学习典型

根据许多农户"耳闻为虚,眼见为实"的心理状态,合作社通过各类示范户的典型示范,引导农民以市场为导向,科学地调整农业结构,生产适销对路的优质农产品。一是抓"放心菜"示范种植,提高蔬菜产业层次。二是抓蔬菜新品种示范试种。根据有关专家提议,该社重点抓好蔬菜传统品种的更新。其引进的"番茄一号"品种,由三户示范户试种 6 亩,每亩投资近 5000 元,因该品种采摘期长达 5 个月,每亩收入近 8000 元,不仅一季收回投资成本,还能盈利 3000 多元。

3. 拓宽流通渠道

为体现办社宗旨,该社注重对农民提供技术培训、物资供应、资金扶持等服务。为帮助农民打开市场销路,解决农产品销售难问题,该合作社把培育市场、搞活流通作为当务之急。蔬菜销售采取正常性与季节性相结合,建立本地市场与开拓外地市场相兼顾的办法。该社专门落实了车辆问题,每日运销至玉环、路桥、椒江等地,遇蔬菜旺季,该社联系、发动外地的贩销大户,拓展市场。合作社成立以来,共帮助农民销售各类蔬菜 1000 多吨,红薯面 23吨,实现经营服务总收入 560 万元,返还社员收益 20 万元,社员人均增收达 2000 元。

20世纪70年代末,家庭联产承包责任制度的建立确立了家庭作为相对独立的农业生产经营主体。这一制度一方面确立了农户的微观经济主体地位,从客观上为农户提供了有效的激励,使其成为促进农业增长和农业技术进步的重要影响因素;另一方面分散化、自负盈亏的农业生产经营机制也将农户置于市场竞争之中,使其独立面对市场风险。农户在市场中具有先天弱质性,他们承受风险能力差,应对市场竞争的能力弱,更难以应对中国加入WTO后面临的激烈国际竞争,无法适应中国农业产业化和市场化的发展。小生产和大市场的矛盾越来越突出。

20世纪80年代中期以来,中国农村出现了建立在家庭联产承包经营基础上的农民专业合作经济组织,一改农业的家庭经营方式,将从事同类农业生产的农户组织起来进行规模经营,为广大农户提供农资供应、产品加工、产品销售、市场信息、技术交流等各类服务。还有一些专业合作经济组织联合农户统一生产、自创品牌,共同面对市场,更有效地帮助农户以分散、小规模生产来适应大市场,在农业结构调整、农民增收、农业增效方面发挥了很好的作用。随着新一轮农业结构战略性调整的展开,为解决千家万户小生产与千变万化大市场之间的矛盾,合作经济组织已经从数量的突飞猛进转而进入规模发展、提高效率的整合阶段,农民专业合作经济组织在组织原则、分配制度等方面都呈现出新的特点。

当今世界,无论发达国家还是发展中国家,凡是受市场经济支配的农业都存在农业合作社,这种组织已经成为农村社会经济发展中不可替代的力量。

(一)发达国家的代表——美国合作社的发展概况

农业合作社是美国主要的农业合作组织形式,最早诞生于19世纪初,"1810年,在康涅狄格州的高琛成立了一个乳品合作社,在新泽西州的南特瑞敦成立了一个专营奶酪的合作社。这两个合作社的诞生,成为美国农业合作社的发端"。到19世纪中期,在一些州内,通过了有关合作社的早期立法。1913年,美国农业部成立了一个负责合作社购销业务的"市场局"。1922年,美国通过了"卡珀-沃尔斯台德法案",该法案给予了合作社不同于其他私营公司的地位,对合作社的规模没有设限制,在很大程度上把合作社从反托拉斯法中解脱出来。在机构和法律上受到重视后,美国的农业合作社发展得很快。美国农民合作经济组织即美国农民合作社(农场主合作社)是美国农民运动的产物,是美国农村的一个重要机构,是美国农村经济发展战略的一个重要组成部分,就其规模来讲是世界上最大的合作社。根据美国农业部的定义,美国的农业合作社是由拥有共同所有权的人们,在非营利的基础上,为提供他们自己所需要的服务而自愿联合起来的组织。合作社的经营目标不是单纯地追求利润最大化,而是通过为其成员提供服务,使参加者从合作经营中获取最大收益。目的是通过改善农产品市场,降低农场供应品和有关服务的成本来提高农场主收入。

从近180年不同时期美国农业合作社的发展历程来看,美国农业合作社大致可分为以下七个阶段。1810—1870年是初创试验阶段。1810年在康涅狄格州高琛成立的乳品合作社和新泽西州南特瑞敦成立的奶酪合作社是美国最早成立的农业合作社。1870—1890年是迅速扩大阶段。其中,格兰其和农场主联盟具有全国规模。1890—1920年是开始形成全国网络阶段。全国农场主协会和"美国公平社"也是两个具有全国规模的农业合作社。1920—1933年是有秩序的农产品销售阶段。1922年联邦政府通过了卡珀—沃尔斯台德法,授予合作社不受反托拉斯法制约的权利,并且对合作社规模没有限制。1920年成立了全国性组织"美国农场局联盟"。1933—1945年是持续发展阶段。1945—1980年为适应现代社会而不断调整阶段。1980年后,北美、欧盟等一些发达国家(首先是美国)出现了一系列明显的合作社变革态势,而北美地区的所谓"新一代合作社"就是典型。新一代合作社(New Generation Co-operatives)是指在20世纪90年代以来北美地区首先是美国北达科他州和明尼苏达州出现的新的合作社模式。

1. 第一阶段:1810—1870年

这是美国农业合作社的初创和萌芽阶段。独立战争结束之后,美国的疆界不断向西扩展。由于潮水般涌向西部的移民普遍从事耕作,美国农田面积急剧扩大,农场数目大幅度增加,农业生产迅速发展。与此同时,在工业革命中新兴的一批大城市为农产品开拓了日益广大的市场。在不断繁荣的农产品加工、运输、销售活动中,私营组织发展很快,为农场生产提供了必不可少的服务。但是由于这些私营组织纯粹以盈利为目的,交易条件往往对农场主不利,而势单力薄的农场主要摆脱这种状况又无能为力。另外,在某些地区由于没有这类私营服务组织,每个农场主不仅要从事生产工作,还要承担销售、加工和运输工作。这使劳力有限的家庭农场往往处于顾此失彼的尴尬境地。于是,无论是有私营服务组织还是没有私营服务组织的地区,农场主们都开始尝试建立自我服务的合作组织。

1810年,在美国大陆康涅狄格州成立了一个乳品合作社。据可考证史料记载,这个合作社的诞生成为美国农业合作社的开端。最早有记载的乳品合作社是1841年在威斯康兴州米尔斯湖附近的皮科特农场成立的。这个合作社把皮科特农场和附近几个农场的30头奶牛集中到一个农场挤奶,然后由农场主的家人将牛奶加工成奶酪。各家农场提供的牛奶数量每天都有详细的记载,到秋天按照记录分配奶酪。1850年,纽约州的许多农场也都模仿皮科特农场开始加工奶酪,进行商业性销售。到1867年,美国已有约400个这样成功经营的乳品合作社。谷物合作社的建立比乳品合作社迟一些,美国大陆本土第一个谷物合作社"DANE农场主保护协会"于1857年成立于威斯康兴州。10年后,伊利诺伊州的农场主又成立了另外两个谷物销售协会的合作社。

在家畜养殖方面,1820年,俄亥俄州成立了第一个生猪销售、屠宰和包装合作社。1860年,伊利诺伊州的布罗县又建立了第一个生猪拍卖合作社。第一个果品销售合作社于1867年建立于新泽西州的哈檬顿。1884年,通过合并,这家合作社把业务扩大到了农用品的购买和供应领域。专业的农用品供应合作社也开始出现。19世纪50年代,伊利诺伊州和威斯康兴州的农场主曾组织农场主俱乐部,尝试购买和供应农用品。1863年,在纽约州的瑞沃海得成立了一个农场主购买协会,帮助其成员购买肥料。

在合作社的成立初期,没有一个州政府曾为他们提供保护或支持。在法律上,他们通常被视为合伙经营或公司。直到1865年,密歇根州才通过了一个认可合作社购、销方式的方案。从此,合作社开始引起一些地方政府的注意。其他一些州在1866—1870年间也分别通过了有关合作社的早期立法。

2. 第二阶段:1870—1890年

这一阶段是美国农业合作社大量涌现、美国农业合作社的数量及影响迅速扩大的阶段,其主要事件是"格兰其"和"农场主联盟"的建立。这两个组织对于推动美国农业合作社的发展起到了重要作用。19世纪下半叶,美国农业经历了一场以采用农业机械为标志的农业革命。农业机械的发明和应用,科学耕种方法的推广,有力地推动了农业生产率的提高。但接踵而来的极大丰富的美国农产品产量造成农产品价格大幅度下降,许多粮食价格甚至跌到了生产成本以下。进行农产品加工和贸易的垄断企业和中间商趁机压价收购,浑水摸鱼。与此同时,由垄断组织生产和控制的工业品却维持高价,这就导致谷贱伤农现象在美国大陆的产生。1865年,南北战争结束后,生产技术的改进和交通条件的改善对经济发展产生了重要作用。同时美国资本主义迅速发展,但在美国经济发展的过程当中也一直存在着比例不协调的状况。因工业化进程对农业的巨大冲击以及许多农业制度的不完善,致使当时的农民面临三大问题:重债务、高成本和低收益。例如,由于当时贷款制度不合理,大资本家经常以高利息贷款给农民,再低价收购农民的产品,一般贷款年利率为12%,有时高达30%—40%。此外,农产品价格的下降、纸币的贬值、政府的关税政策以及铁路部门索要过高的运输费等问题都给农业发展带来极大影响,引起农民极大不满,并且许多典当土地的农民流向城市,致使农村劳动力减少,进一步造成了恶性循环。

1867年,以奥利弗·赫德森·凯利(Oliver Hudson Kelley)为首的一群有识之士创立了"农业保护者协会"(Order of the Patrons of Husbandry),即格兰其(The National Grange)。凯利曾供职于联邦政府的农业机构,因此很早就开始意识到美国农民的问题,于是组织成立了格兰其。到1871年在9个州有180个分会,1873年随着美国经济状况的持续下降,格兰其也在持续发展,国内几乎每个州都有格兰其组织,仅在明尼苏达州就至少有37个分会。1874年发展到32个州,21697个分会,会员近80万。在"农业保护者协会"的推动下,1873—1874年美国出现了数以万计的合作商店、粮仓货栈、保险公司以及少数银行。

"农业保护者协会"(格兰其)在建立之初只是类似于一个教育组织,政治性并不强烈,其宗旨主要是通过对农民进行宣传教育,促进其合作互助并通过社会改革来摆脱经济困境。农场主们主要通过集资收购和运输农产品、建造谷仓和银行、出售农耕器具等形式来保护农业利益。随着协会工作的不断深入,在后来10年中渐渐变成一个全国性从事政治活动的社团,开始在法律与政治的途径上保护自己的权益。在法律方面,要求制定法律、制定公平价格等,比如伊利诺伊州的格兰其分会在1871年通过法律建立了一个铁路货栈委员会,并于1873年获得了制订本州铁路客货运输最高价格的权利;在政治方面,1874年颁布了《全国格兰其宣言》,中西部各州开始出现各种独立的农民政党。

美国26个州的农业保护者协会(格兰其)建立起了经营批发业务的"经纪人制度",为会员储运、代销农产品;同时,还从制造商那里直接批发农机具和日用品,以较低廉的价格向会员出售,以减少中间盘剥。农业保护者协会(格兰其)在生产和流通领域的一系列改革,为农场主提供了实惠,积累了他们参与农业社会化生产经营的经验。"格兰其"的最初宗旨是帮助其成员解决所面临的经济问题。"格兰其"将注意力很快转向合作社建立,在各地组织了一批销售、供应或两者兼营的合作社。1868年,在明尼苏达州出现了"格兰其"领导下的最早的合作经营组织。但是"格兰其"蓬勃发展的势头并没有维持多久。到19世纪70年代末,"格兰其"新建立的下属组织数目很少,许多原有组织由于资金短缺、经营不善等原因也已不复存在。尽管格兰其运动及其组织一直持续到今天,但它在19世纪80年代后逐渐衰落。然而格兰其的历史意义是不容忽视的,它团结了美国的农业生产者,维护了他们的根本利益,均衡了工农业生产中存在的矛盾,对美国农业的发展起着重要作用。

在同一历史时期,另一个最重要的农业合作社组织是"农场主联盟"。该联盟于1875年成立于德克萨斯州,后来进一步向其他几个州扩展。该联盟的主要职能在于为农场主谋求经济利益,着手从事农产品销售和农用品供应。为此,在一些州建立了农产品重点集散市场,在美国等相关各州相继创办了美国家畜代销公司。农场主联盟由地方联盟组成州联盟,再组成跨州联盟后,形成全国联盟,这在组织形式上与格兰其相似。但是农场主联盟重视国家对各州合作社发展所起的作用,并不接受罗虚代尔原则。1886年,农场主联盟召开全国大会,提出降低铁路运费、增加货币发行量等要求,并主张扩大合作社的法律权利。从此,合作社开始介入政治领域。1890年,联盟的一些领导人活跃于政界,把联盟变为人民党的附属机构。人民党在1896年选举中失败,农场主联盟也随之在美国政治经济生活中失去影响。他们认识到,合作社一旦介入政治,就会破坏它作为经济组织的功能。

其间,在格兰其和农场主联盟的共同推动下,合作社有了巨大的发展。到1890年,美国已有各类合作社约1000个,其中75%经营乳品,10%经营谷物,10%左右经营水果蔬菜。19世纪70年代出现的大萧条使这个时期出现的合作社组织带有明显保护农场主利益的色彩。

3. 第三阶段:1890—1920年

这是合作社进一步发展的阶段,开始形成全国性网络的重要历史时期。这一阶段结束时,几乎所有的州都建立了地方性合作社组织,合作社的数目达到1.4万个。其中,销售合作社的数目达到历史顶点,超过1.2万个。就全国性合作社组织而言,继农场主联盟之后,"美国农场主协会"开始兴起。为了大力倡导和推动美国合作社运动,这个组织于1902年在得克萨斯州成立,随后其活动范围逐渐扩大到十几个州。其间,另一个全国性农场主组织是"美国公平合作社"。1902 年，美国公平合作社成立于印第安纳州。这个组织虽然在成员数量上没有达到格兰其、农场主联盟和农场主协会以及后来在 1920 年成立的美国农场主联盟的规模，但也是一个具有重要影响的合作社组织，以公平精神为指导的许多合作社组织至今仍然非常活跃。1934 年，公平合作社与农场主协会合并。

第一次世界大战之前，除以上提到的这几个全国性影响最大的合作社组织之外，各地农场主还自发建立了很多独立的合作社组织。例如，果菜行业中最早建立的农民专业合作社是 1910 年成立的"加州杏仁生产者合作社"，它是在经营干果的一系列小合作社的基础上集中联盟发展起来的。到 1920 年，农业合作社已形成全国性网络，对于农场主来说，合作社组织不仅提供了必要的服务，而且在一定程度上改变了他们对农产品和农用品价格毫无发言权的状况。

4. 第四阶段：1920—1933 年

这一阶段是美国农业合作社进入"有秩序的农产品销售"的时期。这一时期，联邦政府对农民专业合作社事务的关注和支持都达到了高峰。第一次世界大战带来的农业景气现象不久就结束了，农业萧条几乎持续了整个 20 世纪 20 年代，从而推动了 1929—1933 年美国经济的全面衰退。受农业萧条的影响，许多农场主宣告破产，一些农业合作社也经营不下去了。但为了应付农业萧条，政府和民间却对合作社经济表现出空前的热情，从而给合作社的发展注入了一个重要的历史契机。这个阶段的一个重要事件是"美国农场局联盟"的建立，这是继格兰其、农场主联盟、农场主协会和公平合作社之后的又一个重要的全国性合作社组织，是从地方组织开始发展起来的。1911 年，纽约州宾汉顿商会成立了一个农场局，其目标是帮助农场主改善经营。几年后，本州各地相继成立的农场局联合起来，成立了州农场局。1920 年各州农场局正式联盟，成立了全国性组织——美国农场局联盟。美国农场局联盟倡导兴办集中大规模的销售合作社，到 1921 年初，该联盟成立了全国性的谷物合作销售组织，大幅度提高了合作社在农产品市场中的份额。但是，美国农场局联盟的这一计划最后未能实现。主要原因在于到了后期美国农场局联盟的主要领导一味追求合作社的规模，由于摊子铺得太大，各方面的工作也都跟不上，最终导致美国农场局联盟不得不解体。在农场局组织之外，各地还成立了许多其他农用品经营合作社，他们购买和供应石油制品、拖拉机、拖车、种子、饲料，等等。总之，1920—1933 年这巨大的历史发展阶段被郑重地载入了美国合作社运动史。美国农业衰退、美国农业合作社立法、农业合作社理论的深化大大推动了合作社运动的发展。各类合作社组织兴起、衰落、改组、发展的历史表明,合作社的原则、结构和目标必须切合实际,才会富有生命力。

5. 第五阶段:1933—1945 年

这一时期虽然只有短短 12 年,美国经历从经济大衰退到复苏、新农业计划、第二次世界大战等重大事件。在多种因素的共同作用下,虽然美国农业合作社的数量相比前一阶段减少,但营业额和社员人数却持续增加。合作社经营的商业性原则逐渐得到普遍承认,同时,还出现了组织多层次合作社联盟、提供更广泛服务的趋势。这一时期开始的标志性的时间是 1933 年美国国会通过了《农场信贷法》,联邦政府依照这个法律在全国建立了 12 个地区性合作社银行和一个中央银行,由他们向农场主合作社提供贷款。1934 年,在得克萨斯州成立了第一个棉籽加工合作社。1938 年,在新泽西州成立了第一个人工授精合作社。1940 年,在堪萨斯州出现了第一个合作社炼油厂,同时在这一年,肉鸡加工、销售合作社也宣告成立。在加利福尼亚州,还建立了葡萄酒合作社。

在这一阶段,为了在竞争中求生存、求发展,农业合作社必须提高相应的经营管理水平。同时在这一阶段,美国农业合作社管理人员、工作人员和领导人员的培训和刺激机制也逐步建立和完善起来了。尤其是大型合作社的会计、审计制度逐步建立和健全起来,这些都明显完善了美国农业合作社的正规化经营。

6. 第六阶段:1945—1980 年

本阶段是美国农业合作社不断调整以适应迅速变化的社会、经济发展条件的时期,持续整整 35 年时间。第二次世界大战之后,美国经济得到了前所未有的发展,技术水平、企业组织结构以及世界经济形势和国际格局都发生了极大变化。20 世纪 70 年代,美国农业历史上出现了第二个"黄金时期",继而在 20 世纪 80 年代又陷入了萧条时期。为适应新的形势与解决农业面临的新问题,农业合作社不得不进行调整和变革。

第二次世界大战之后,农业合作社加强了"垂直一体化"发展。随着商品农业的进一步发展以及合作社规模的扩大与经济实力的增强,从事有垂直联系的一系列经营活动的合作社越来越多。在由加工到销售这个有机链条中,不同环节的合作社往往处于一个统一的经营管理中心指挥之下。与以前不同的是,本阶段农业合作社在各个环节上都加强了进一步的合同、合作关系,即用合同把生产、财务、加工、销售与经营管理连接起来。合作社的发展是与合并扩大规模同步进行的。许多小合作社通过合并成为了大合作社。在乳品、谷物、果菜销售和农用品供应领域,合并势头和大型化的趋势尤为明显。多个合作社的合并与联盟,进一步促成了合作社营业额的急剧膨胀。第二次世界大战之后的几十年间,这种合并活动持续进行,合作社平均营业额大大增加,数目却明显下降。这清晰地表明美国农民专业合作社正在转向质量型、内涵式的发展轨道。战后,农民专业合作社的业务还扩大到了国外市场,合作社通过与其他合作社或非合作社性质的经济组织合作,扩大了直接、间接的农产品出口。在合作社出口产品中,以谷类和配置食品为主。此外,战后合作社在教育、培训、科研、信贷、设备更新等方面扩大服务范围。20世纪80年代,美国农业再次衰退,在这种情况下,合作社面临着重重新的挑战。其中,资本形成问题被认为是20世纪80年代的最大挑战。许多合作社与农场一起为债务问题所困扰,债务在其资产总额中所占的比例都明显上升。1962年,合作社负债压力还不大,40%的合作社没有任何未偿还的债款,但到1984年,合作社资产总额的58%却是由借债来支撑的。

7. 第七阶段:1980 年至今

新一代美国农业合作社在20世纪80年代由美国北部的北达科他州最先发起,是以增加产品附加值为主要获利方式的自发性经济组织。这些合作社之所以被称为新一代合作社,主要有三个原因:(1)它们代表了最新一代类型的合作社,早期的一代合作社类型出现在20世纪20年代,接着的一代合作社类型出现在40年代;(2)它们主要发展加工业,以提高产品的附加值,与以前合作社致力于商品营销的主要目标截然不同;(3)新一代合作社不再作为产品的交换销售场地,它只向自己的社员收购预订数量的产品。事实上,在合作社与社员之间有一个"双向"合同,要求社员向合作社交售一定数量的产品,同时要求合作社收购这些产品。美国新一代合作社推动了美国农业体系的整体迅速发展,因此被称为"农工综合企业"。①

---

① 美国的农业合作社分为销售合作社、购买合作社与服务合作社三种主要类型。从地理分布和成员结构上看,美国农业合作社分为地方性和区域性两种。前者由社员直接组成,服务范围仅限于一个社区、一个或几个县,职能相对简单;而后者既可由农场主直接组成,也可以由地方性合作社构成,或者由两者混合构成,服务地域一般大到几个县、整个州或几个州,服务内容更为广泛。美国还有一些号称全国性的合作社组织,但这些组织的主要职能是协调和游说,通常不进行直接经营。(资料来源:http://www.cfc.agri.gov.cn,中国农民专业合作社网)

(二)合作社的几个相关概念

总体来看,农业合作社是一种类似于公司或者其他具有目的性的组织,它是伴随着从农业社会到工业社会的这一社会转型出现的。出现过程中有两个重要因素不可忽视:一是促使农业合作社形成的共同利益性质,二是促使农业合作社取得成功的因素。

从合作社的诞生来看,合作社包括以下相关内容。

1. 最早的实践者

合作社的实践可以追溯到 1825 年,当时空想社会主义学家欧文是合作经济思想的著名代表人,他把合作社作为改造资本主义制度的一种手段,为试验合作社奔波了一生,几次陷入破产的境地。后来,被称为"合作社之父"的英国人威廉·金主张先建立消费合作社,再创办生产合作社,积累更多资本后,再组建欧文式的公社。他一共组建了 500 多个合作社,但均以失败告终。

2. 世界上第一个合作社

公认的世界上第一个合作社是 1844 年在英国罗虚代尔镇创立的公平先锋社,它是由 28 名纺织工人每人入股 1 英镑建成的一家合作商店,每人拥有一票表决权。工人们租一间地下室,每星期六晚上营业主要经营蜡烛、火柴、奶酪等生活日用品,社员按交易量返还盈利。到 20 世纪初,该合作社拥有了大量连锁商店,有了自己的加工厂。社员们吸取了欧文式合作社失败的教训,在 1860 年制定了一套适合市场经济要求的办社方针和经营原则,即"罗虚代尔原则"。后来此原则被国际合作社联盟认可,至今在全世界合作社通行。

3. 全球性合作社组织

1895 年在英国伦敦召开了国际合作社第一次代表大会,出席会议的 14 个国家的 35 名代表成立了国际合作社联盟(英文简称 ICA)。国际合作社联盟是一个独立的非政府性的国际组织,目前是联合国经社理事会享有第一咨询地位的 41 个机构之一,总部设在日内瓦。

中华全国供销合作总社于 1985 年 2 月加入国际合作社联盟,1986 年 10 月增补为国际合作社联盟执行委员会成员,1997 年 10 月当选为国际合作社联盟副主席。

4. 合作社节日

1922 年,国际合作社联盟决定将每年 7 月的第一个星期六定为"合作者节日"。1992 年联合国大会通过第 47/90 号决议,宣布 1995 年 7 月的第一个星期六为联合国国际合作社日,以纪念国际合作社联盟建立 100 周年,并决定考虑将来每年都将此日定为联合国国际合作社日。

5. 合作社的社会地位日趋提高

合作社建立在自助、自主、民主、平等、公平和团结的基础上,遵循合作社创立人的传统,合作社成员坚持诚实、开放、关心社会、照顾他人的道德价值观已深入人心,在世界各国生根发芽。无论是发达国家,还是发展中国家,凡是受市场经济支配的地方,都有合作社,合作社日益成为各国经济社会发展中不容忽视的力量。

据统计,大多数发达国家 80% 左右的农户加入了合作社。在日本参加合作社的农户几乎达到 100%,美国和法国达到 80% 以上,德国达到 70% 以上。这些国家的合作社不再固守传统的农业、消费领域,而是向第二、三产业广泛发展,如银行金融、电力、通讯、旅游等。其管理规模和范围越来越大、管理水平越来越高。

今天,合作社已遍布五大洲 160 多个国家和地区,入社社员近 8 亿,从业人员 1 亿多,全世界一半以上的家庭都与合作社有着密切联系,合作社的价值滋润了半个地球。

二、合作社的含义

(一)中国"农民专业合作经济组织"概念的演变

中国早在 20 世纪初就曾经进行过合作运动的探索和实践。从 1918 年中国最早的合作社——北大消费公社成立起,一批先进的知识分子,如晏阳初、梁漱溟等就分别在河北定县和邹平等地组织进行合作社试验。新中国建立后,合作运动在全国范围内广泛地开展起来,1978 年改革开放后又涌现出各种类型的合作组织。但是中国的合作经济组织在组建时由于缺少一致标准,因而各种类型的合作经济组织在概念上含混不清,内容上存在相近、交叉或互相包含的内容。为了便于更清楚地界定"农民专业合作经济组织",以下将对几种目前常见的合作组织进行进一步解释,以期有所区分。

1. 新中国建立初期的互助组

1951—1953年互助组在中国农村迅速发展起来,具体形式有临时互助组和长期互助组。互助组将稀缺而且分散在农民手中的大型农业生产工具、耕畜等集中在互助组中统一使用,很大程度上解决了新中国建立初期农业生产缺少必要生产要素的问题,是符合农民意愿的互助性合作经济组织,互助组可以看做是中国农民合作经济组织最初的萌芽形式。但此后发起的合作化运动则改变了合作运动的自愿、互助性质,合作化运动是政府在农村进行社会主义改造的手段,通过兴办初级生产合作社、高级生产合作社以及后来的人民公社,逐步将土地、生产工具、耕畜等生产资料收归国有,由合作社实行统一生产经营、统一核算和分配。社员统一劳动,彻底否定了农户作为基本生产经营单位的地位。农民的意愿表达权被剥夺,进入、退出都受到强制性约束。而且这种政社合一的形式完全违背了国际公认的合作社原则,不能称为真正的农民合作经济组织。

2. 农村社区合作社

农村社区合作社是人民公社制度解体后的农村集体经济的具体组织形式。中国农村实行家庭承包经营制度以后,政社合一的人民公社制度解体,其资产转变为村级政府的集体资产,交由村委会或村民大会民主管理,在此基础上建立以公有制为基础的地域性合作经济组织。同时,在家庭承包经营制度下,村集体还拥有土地的所有权,是土地的发包方;农民则通过以家庭为单位承包土地得到土地的使用权。这样,逐步形成集体统一经营和家庭分散经营的双层经营体制。但是,这种"统分结合、双层经营"的地域性合作经济组织是在政府自上而下、一厢情愿进行统一设计的基础上建立起来的,而非农民的自发、自愿所做出的选择,因而并没有彻底脱离传统人民公社体制的影响,也不能算是合作经济组织。

20世纪80年代后期,以广州天河和深圳横岗等地为代表,中国农村开始进行农村社区型股份合作制的改革。通过将村合作组织管理的集体资产进行核算、折股量化到每个成员头上,在对原有的社区合作组织进行改造的基础上组建股份制社区合作社。通过这一改革,社员对于分享集体资产收益的要求得到一定程度的满足。社员对集体资产的所有权得到切实的体现,也实现了社员的(部分)收益权。所谓部分收益权,是指由社员所拥有的股份在转让、赠予、继承等方面受到限制,不能完全实现所有权带来的收益。从制度设计而言,股份制社区合作社也不属于本书所研究的农民专业合作经济组织。原因有三:第一,合作社是在公有制基础上的土地家庭承包经营制度下、以成员的户籍为限形成的,其成员没有自主选择权,并非"自愿加入";第二,社区合作社由村委会(政府)规划实施的、负有一定的行政管理职能,不是农民之间的互助性经济组织;第三,合作社的主要目的不是向成员提供生产销售服务,而是以管理公有土地、提供公共物品——农田基础设施为主,以提供服务为辅。成员从合作社的资产运作盈余中获得股金分红,而非凭借利用合作社服务的交易量(额)返还盈余。

3. 供销合作社

新中国建立初期的农村供销合作社是在传统的合作社原则基础上建立起来的,实行民主管理,遵循为农民服务的宗旨,按交易额分红,属于合作经济组织。其服务的主要内容是:供应农民生产资料,推销农副产品,向农民供应基本生活用品。同时,接受委托,收购农民生产出来的农副产品,供应城市和工矿区。20世纪50年代,供销合作社被改制,先后两次与国有商业合并。1975年虽与国有商业分开,但仍然属于全民所有制性质。1981年又被改制成为集体所有制。这些改制已经使供销社不再具有合作组织的性质。1982年起全国供销合作社再次进行改革,将其行政职能与商业部合并,同时恢复"三性""五个突破""六个发展"三个阶段性改革。1995年,恢复设立供销合作社的联合组织——全国供销总社,全国供销总社归国务院领导。到目前为止,供销合作社的改革仍然未能使之恢复成为真正的商业合作社。近年来,供销合作社成为带动发展农民专业合作社的重要力量。

4. 信用合作社

从农村信用合作社的发展历史来看,可以说农信社从来就没有实行过真正意义上的合作制,即从来没有实行自愿加入、自愿退出,一人一票,民主管理的制度。如果按合作社的原则,农村建立信用合作社应该是由农民入股,实行社员民主管理,主要为社员提供金融服务的地方性金融组织。它的服务对象是农民,服务区域在农村,服务目标是为了促进地方经济的发展和社会的稳定。然而,新中国建立后成立的农村信用社都是以行政指令组合而成的名义上的合作组织,从一开始就不符合"自愿、互助合作、民主管理"等合作制原则规范,而是随着20世纪50年代"一大二公"为主旨的农村生产关系的变化,被划归中国人民银行管理,后又被划归农业银行,逐步变成了国家银行的附属机构,其合作金融的基本属性所剩无几。当前,随着国有商业银行改革,四大国有商业银行经营网点近几年来正在大规模地从县级以下农村地区撤出,信用合作社成为农村主要的银行类金融机构。而银行类金融机构实质上是存款机构和存款货币银行,完全不具有合作社的性质。2003年以来,农村信用合作社开始进行产权改革探索,但由于目前中国的制度环境所限,信用合作社不具备成为合作金融组织的条件。建立真正属于农民自己的合作金融组织不仅需要逐步完善有关的法律法规体系,还需要完善的资本市场作为依托及其他更加复杂的制度条件。因此,合作金融的真正建立和发展应当是中国农村一项长期的目标和任务。

5. 农产品行业协会

农产品行业协会(也称产业协会)是由从事同一农产品生产、加工、销售的生产者和服务的提供者为增进行业共同利益,以提供各方面经营、服务为主要内容,自愿组织起来的松散的社会团体。农产品行业协会的主要职能是行业内部的组织、协调、服务和监督,具体内容包括:第一,协调行业内部经营主体之间的各类矛盾。第二,在政府与经营者之间发挥桥梁和纽带作用。第三,编制行业发展规划,制定行业规范和行业标准。第四,开展信息和市场销售方面的服务。第五,开展技术指导、推广和培训工作。第六,协调行业竞争,避免无序竞争等。严格说来,农产品行业协会既不是专业协会,又不是合作社,也不属于农民专业合作经济组织。其成员不是以农民为主,而主要由同一产业的企业组成。更重要的是,农产品行业协会还负责制订行业规范和行业标准,是在代表政府行使对某一行业的管理和监督职能,而非互助互利性的合作经济组织。

6. 土地股份制合作社

土地股份制合作社是在土地公有制基础上,同时保持家庭承包经营制度不变,分别通过以土地所有权和承包权入股的方式,实现土地规模化经营的一种创新的组织形式。它可以是土地的所有者——村集体,将集体共有土地的使用权入股,也可以是承包土地的农户将其所拥有的土地使用权入股,组建土地股份制合作社。这样,集体股和个人股并存合作经营。目前常见的、比较典型的土地股份合作社是将集体所有的土地折股量化,分配给社区内的农民个体拥有,再由社区对土地进行统一规划和统一开发利用。

根据土地的用途,土地股份制合作社的具体表现形式可以分为两种:一是在一些经济比较发达的地区和大城市的城乡结合部,在工业化和城市化不断推进的过程中,由社区组织规划,在所辖土地(由集体所有或个人承包)上兴建工商企业等;二是将农户承包的土地以股份合作的形式重新集中起来,进行统一的农业生产规划,如建立农业生产基地、规划农业园区等。集体所有的土地和个人承包的土地以股份的形式加入合作社中,村民对建起的集体经济实体实行民主管理。村集体用集体股得来的分红收入为村民提供公共设施、教育和福利保障等公共品。除此以外,农民还得到个人股的红利。在当前的土地公有、家庭承包经营的制度下,土地是一种比较特殊的生产资料。第一种形式的土地股份制合作社不是农民专业合作经济组织,因为其成员已经不再是"农民"了。第二种形式的土地股份制合作社只是在经营运作中一定程度上具有合作的特征,但成员加入不是自愿加入、自由退出的。村集体进行股份化合作的计划方案,成员以村级土地承包和户籍制度为基础。

(二)合作社定义

美国威斯康辛大学合作社研究中心认为:合作社是一个由其惠顾者成员自愿所有和控制。在美国农业部农村商业和合作社发展中心认为:非盈利或成本基础上由他们自己为自己经营的企业,它由其使用者所有。

合作社是一种使用者所有、使用者控制和基于使用进行分配的企业。

1995年,国际合作社联盟成立100周年大会上,学者认为:合作社是由自愿联合的人们,通过其联合拥有和民主控制的企业,满足他们共同的经济、社会和文化需要及理想的自治联合体。

关于合作社定义的几点结论:

第一,合作社是一种特殊的企业组织,是一种由作为惠顾者(使用者)的成员"共同所有和民主控制的企业"。合作社的所有权是在民主的基础上归全体社员。这是区分合作社与其他资本控制或政府控制的企业组织的主要所在。

第二,合作社具有一定的共同体或结社的性质。换言之,它具有一定的社会属性。

第三,合作社是"人的联合",它的经济主体是合作社社员。关于"人",合作社可以用他们选择的任何法律形式自由加以规定。

第四,人的联合是"自愿的"和"自治的"。社员有加入或退出的自由。同时,合作社也尽可能地独立于政府部门和私营企业。

第五,社员组织合作社为了"满足共同的经济和社会的需要",即合作社的成立是着眼于社员。社员的需要是合作社存在的主要目的,而且社员根本的、首要的需要是经济的需要。

第六,合作社"基于使用进行分配",而且"在非盈利或成本基础上"经营。

合作社是社员联合所有、社员民主控制、社员经济参与并受益的特殊的企业组织。

(三)国际上合作社原则

国际合作经济界对于合作社原则的认识可以分为罗虚代尔原则(Rochdale Principle),传统原则(Traditional Principle),比例原则(Proportional Principle),现代原则(Contemporary Principle)。

1. 罗虚代尔原则

罗虚代尔原则的主要内容包括:

(1)开放和入社自由;

(2)民主管理,一人一票;

(3)用现金进行交易;

(4)按市价售货;

(5)只销售货真量足的商品;

(6)按惠顾额分配盈余,资本利息有限;

(7)重视社员教育;

(8)对政治和宗教保持中立。

2. 传统原则

传统原则的主要内容包括:

(1)自愿和开放;

(2)成员民主控制,在基层合作社中,成员享有平等选举权(一人一票),其他层次的合作社,也按民主方式组织;

(3)成员经济参与,成员提供等额资本金,并实行民主控制。通常,这些资本金至少有一部分是合作社的公共财产,成员只获取有限资本金补偿可以建立储备金来发展合作社,其中至少有一部分是不可分割的让成员按其惠顾额受益,用于支持成员批准的其他活动;

(4)自治和独立;

(5)教育、培训和宣传;

(6)合作社之间的合作;

(7)关心社区。

3. 比例原则

比例原则的核心是合作社的控制、所有权和剩余分配决策都建立在交易额比例之上。

(1)合作社投票权以社员交易额多寡为基础;

(2)交易者以交易额多寡认购股本;

(3)盈余在成本经营基础上分配给交易者。

4. 现代原则

现代原则试图建立更富有弹性、简单、单一的合作社原则来代替现有合作社原则,即不以任何固定形式规范合作组织的经营。

美国农业部就是奉行这种弹性的现代原则:

(1)投票权由交易社员行使,可以一人一票,也可以按交易额比例投票;

(2)交易者认购股本;

(3)在成本的基础上,净所得视为盈余金,分配给交易者。

现代原则的一个特点是将交易社员与交易者做了区分,明确了合作社的权利归属是交易社员。

一般认为,合作社的本质规定性包括:(1)自愿、自治和独立。(2)所有者与惠顾者同一。(3)成员民主控制。(4)资本报酬有限。(5)按惠顾额分配盈余。

伴随着合作经济运动160年的历史进程,国际通行的合作社原则也不断演进。从总的发展态势看,合作社原则是随着整个经济、社会、政治、文化环境的变化而变化,向着有利于提高合作社竞争力、凝聚力、吸引力的方向发展。

(四)国际农业合作社的几种主要类型

1. 以德法为代表的合作社类型

其主要特点是专业性强,即以某一产品或某种功能为对象组成的合作社。如,奶牛合作社、小麦合作社、销售合作社或农机合作社等。这些合作社一般规模都比较大,本身就是经济实体,为了形成规模优势保障合作社利益,合作社之间的联合或合作逐步增强,形成了比较完整的合作体系。

2. 以日本为代表的合作社类型

它的主要特征是以综合性为主,韩国、印度、泰国都属于这一类型。在日本有专业性农协,也有综合性农协,但以综合性农协为主,根据会员需要为会员开展多种多样的服务。日本农协开展的服务主要有经营指导、农产品销售服务、购买服务、信用服务、互助保险服务等。一些社区服务也是农协的一个重要内容。

3. 以美国、加拿大、巴西为代表的合作社类型

主要特点是跨区域合作与联合,共同销售为主。美国销售合作社发达,规模大,在牛奶、水果、蔬菜等领域占有较大的市场份额,涌现了不少国际驰名品牌。

美国将农业合作社分为营销合作社(Farmer Marketing Co-operatives)、供应合作社(Farm Supply Co-operatives)、服务合作社(Related－Service Co-operatives)。

(五)合作社产生和发展的影响因素

合作社的经济本质在于它通过对单个农户各自独立面对市场的交易行为的大量替代,以节约交易费用。只要农业生产中最基本的特点——生产的生物性、地域的分散性以及规模的不均匀性存在,农民的合作社就有存在的必然性。

1. 产品特性

农业合作社通常率先兴起于农产品商品率较高、农业剩余较多、市场风险较大、单个农户博弈弱势较明显的情况下,兴起于具有较明显季节或时间约束、易损性较强、交易频度较高的农产品领域内,兴起于规模经济较显著、专业化程度较高、资产专用性较高、资本或技术要求较高的行业中,兴起于政府管制较少的农产品品种上。

2. 生产集群

只有在产业集中基础上的合作组织才有可能获取规模经济收益。生产集群因素不仅取决于集群中个体成员的数量,还取决于个体成员的"规模"(即专业农户乃至专业大农户的情况)。

3. 合作成员

合作社的产生和发展首先需要具有企业家精神和才能的人,即合作社企业家。组织成员(特别是那些关键成员)的资源拥有状况直接约束着合作社的产生和发展。这些资源主要包括经济资源、人力资源和社会资源。许多合作社的成员是分层的。

4. 制度环境

制度环境包括立法、政府、相关利益主体、文化,等等。产品特性因素使农业合作社具有了原初的必要性,生产集群因素使农业合作社具有了实际的可能性,而组织成员因素和制度环境因素则从内外两方面共同决定了农业合作社的创建水平、组织制度、运营机制、发展路径等。

(六)我国对合作经济组织的相关定义

所谓农民专业合作组织,是指以依法享有家庭承包经营权、从事同类产品生产经营和服务的农民为主体,自愿联合、民主控制的互助性经济组织。它包括基层专业合作组织和专业联合组织。

需要说明的是,长期以来对这种组织形式名称的表述不尽统一,《农业法》中称为"农民专业合作经济组织";十六届三中全会决定中称为"农村专业合作经济组织";2004年和2005年的中央1号文件中称为"农民专业合作组织",农业部的一系列文件中也称为"农民专业合作组织"。但无论名称上如何表述,其内涵是一致的。

基层专业合作组织指以依法享有家庭承包经营权、从事同类产品生产经营和服务的农民为主体,自愿联合、民主控制的互助性经济组织,包括专业合作社和专业协会。

专业联合组织指由3个以上基层专业合作组织自愿联合成立的专业联合组织,包括专业联合社和专业联合会。

专业合作社指组织名称为合作社的基层专业合作组织。它是在农户家庭经营的基础上,由从事同类产品生产的农户按照合作制原则自愿组成的生产、加工、销售自产农产品的经济组织。它不包括以公司等名称登记注册的股份合作制企业、社区经济合作社、供销合作社、信用社等。

专业合作社是一种管理比较规范,与社员联系比较紧密的合作组织形式,专业合作社多数在工商管理部门登记为企业法人,约占全国合作组织总数的10%,目前主要分布在农产品加工企业多的东部地区。

所谓专业协会,是由农民自愿组织起来,在农户家庭经营的基础上,实行资金、技术、生产、供销、加工等互助合作和服务的开放性、民间性的社团组织。这类组织不直接从事经营活动,成员间的利益联系比较松散,经费来源主要是会员会费、政府资助、部门或个人的捐助。

所谓农产品行业协会,是一种以行业代表、行业服务、行业维权为主要职能的非营利性的合作组织形式,主要由相关企业、服务机构、专业合作社、专业协会组成。

三、合作社的分类及特征

任何一种组织的出现都有其复杂的背景,任何一种组织的发展都有其特定的分类。

(一)按照组织结构

合作社按组织结构可分为专业合作社、专业协会和专业联合社、专业联合会两类。

(二)按照经营产业

合作社按经营产业可分为种植业、畜牧业、渔业、农机服务等不同产业的专业合作组织。

(三)按照服务内容

合作社按服务内容可分为产加销综合服务为主、加工服务为主、仓储服务为主、运销服务为主、技术信息服务等不同服务内容的专业合作组织。

(四)按照登记注册部门

合作社按登记注册部门可分为已登记注册(工商、民政部门)和未登记注册的合作社。

(五)按照设立人身份

合作社按设立人身份可分为农民、企业、农技服务组织及农技人员、基层供销社、基层科学技术协会、其他。

(六)按照组织特征

合作社按组织特征可分为企业带动型、农户联合型、专业合作社型、专业协会型、产品购销型五个类型。

农民专业合作组织有不同于其他经济组织的特征,无论农民专业合作组织以何种名称、何种形式出现,其都具有以下相同特征。

1. 民办性

农民专业合作组织是农民在自发、自愿基础上组建的。早在1993年中央农村工作会议形成的文件对此就作了明确表述:专业合作组织不应该是官办的,而应该是农民自己的,它的主体是农民,实行"民办、民管、民受益",坚持民办或民办官助是农民专业合作组织的基本组织原则。

2. 专业性

农民专业合作组织是在农民专业化和区域化生产的基础上产生的,一个农民专业合作组织一般只围绕某一类或某一种产品开展服务,表现出很强的专业性,服务的内容有技术推广、信息传播,农资供应,农产品购销、加工、储运。服务项目既可以是单项的,也可以是综合的。

3. 开放性

农民专业合作组织突破了乡村社区的区域限制,不仅一个专业合作组织可以吸收其他社区的农民,不同社区的农民专业合作组织还可以实行联合、合并。

4. 灵活性

农民专业合作组织的灵活性,体现在组织制度、经营决策、合作内容、合作范围等方面。在组织制度上,专业合作组织具有灵活的聚散机制,其成员宜合则合、宜散则散,聚散时间可长可短。在组织形式上,不拘泥于一种模式,可以形式多样、类型各异,层次可高可低,规模可大可小,既可常年经营、也可季节经营。在合作内容和范围上,既可以是一个或几个环节上的合作,也可以是全过程的系列合作;既可以是单项的合作,也可以是综合的合作。

5. 合作性

农民专业合作组织具有明显的合作经济性质,体现了合作制的基本原则,其主要表现在以下六个方面。

第一,合作制产权原则。农民专业合作组织按合作制原则建立了二重产权结构,即专业合作组织有法人产权,会员有个人股权。每一个会员都是独立经营的主体,合作组织无权干涉其成员的独立经营活动。合作组织的财产主要由成员投资构成,但每个成员都有权处理自己投入到合作组织的那部分产权。农民专业合作组织作为产权的使用权主体,享有独立的法人自主权。

第二,自愿加入退出的原则。农民作为独立经营者,有愿意参加或不愿意参加专业合作组织的自由,有参加不同专业合作组织或同时参加几个专业合作组织的自由。凡生产专业合作组织所经营的产品,或者愿意接受专业合作组织提供的服务,愿意遵守专业合作组织章程的农民,经申请,缴纳一定会费或投入一定股金,都可以成为专业合作组织的一员。同样,经过办理一定手续后,会员可以带着自己的股金退出专业合作组织。

第三,一人一票制为主的原则。农民专业合作组织的最高权力机构是会员大会,重大问题都由会员大会讨论决定。一般的每个会员都享有平等的表决权,实行一人一票制的民主管理原则。股份制合作社一般实行一人一票制为主,对投入股金较多的单个成员应当限制其票数。

第四,限制股金分红的原则。创建农民专业合作组织的目的,是为了增进成员的整体经济利益和社会福利,而不是为了盈利。成员加入农民专业合作组织的目的不是为了赚取股金,而是为了利用专业合作组织提供的各种服务。一般来说,会员交纳的会费不计任何报酬,只是用来补偿农民专业合作组织在开展服务活动中的一些开支;股金可以取得一定的股息,但股息率受到严格的限制,一般不超过或略高于银行同期存款利率水平。

第五,盈利按惠顾额返还的原则。农民专业合作组织的盈余,在纳税、分配股息和留取一部分发展基金后,剩余部分按会员当年与专业合作组织的业务交易量进行分配,交易量多的多分、交易量少的少分。

第六,对内服务为主的原则。农民专业合作组织服务对象主要是本组织的成员。在满足本组织成员服务要求的前提下,合作组织也可以对非成员开展服务。

四、各类合作组织和其他组织部门的区别

(一)专业协会和行业协会的区别

1. 成员组成不同
专业协会的成员以农民为主体,行业协会的成员以企业、科研与技术推广单位、专业合作组织等团体会员为主体。

2. 职能不同
专业协会是农业生产经营组织,从事农业生产、加工和销售;行业协会是社团组织,主要为成员提供咨询服务,具有行业协调职能,不直接从事生产经营。

3. 区域范围不同
专业协会多在县、乡、村范围内组建;行业协会多在地、市以上范围内

组建。

农民专业合作组织与农村集体经济组织有着广泛的联系,发展为相互依托,相互促进的良性依存关系。

(二)农民专业合作组织与农村集体经济组织的区别

集体经济指的是生产资料集体所有制经济,它是从所有制方面来划分的经济形式;而合作经济是从组织经营的角度来说的,合作经济与集体经济是按不同的划分标准得出的两种经济形式。具体来说,农民专业合作组织与农村集体经济组织有以下六个方面的区别。

1. 生产资料的占用和使用形式不同

农村集体经济组织的生产资料是集体占有,农民专业合作组织的生产资料是在所有权不变的基础上共同使用。

2. 职能不同

农村集体经济组织主要解决社区范围内经营者需要解决的共同问题,如水利、道路、公共卫生等。农民专业合作组织作为经营性组织,主要承担社区性集体经济组织承担不了也不应该承担的职能。例如,家庭经营需要共同解决的购买、销售、加工环节,以及资金、技术、信息等问题。

3. 经营方式不同

农村集体经济组织实行以土地家庭承包为基础的统分结合的经营方式,农民专业合作组织是在约定的项目、范围、程度内实行统一经营而结成的利益共同体。

4. 分配方式不同

农村集体经济组织以固定分配、按劳分配为主,目前主要以向成员提供福利为分配形式;农民专业合作组织则按照股份、投资额或成员惠顾量分配为主。

5. 形成的基础不同

农村集体经济组织是在外力的作用下形成的,自愿不是它的特点;农民专业合作组织是自愿形成的,不受外在因素的制约与干预。

6. 覆盖的范围不同

农村集体经济组织是社区性的,与村民委员会所管辖范围是一致的;农民专业合作组织可以跨县、跨乡、跨村,不受行政区域限制。

农民专业合作组织与合伙制、股份制有限责任企业的联系是农民专业合作组织与有限责任公司企业都是经济组织,都要开展经营活动,讲求经济效益,对外追求利润最大化。

(三)农民专业合作组织与合伙制、股份制有限责任企业的区别

合伙制企业是指两个或两个以上投资者合伙而共同组建的企业。它是在业主制企业的基础上发展起来的,在两个或两个以上业主的个人财产的基础上经营,共同对债务承担无限责任。股份制有限责任企业是一种入股集资、联合从事生产经营的企业组织形式。合伙制企业和股份制有限责任企业与合作组织的区别主要为:(1)组织目标、本质不同。(2)资金额不同。(3)资本所有者、管理者及直接劳动者的统一程度不同。(4)分配方式不同,股份制主要按资本分配,而合作组织除按劳动分配外,主要按交易量分配。

不管是合伙制、股份制,还是其他企业形式,都具有企业的共同特点。企业是指依法设立的以盈利为目的的从事生产经营的独立核算的经济组织。其目的都是为了赢利,以实现资本保值增值,本质是资本营运;而合作组织的目的主要是降低社员的交易费用,它是非营利组织,虽要运作企业,但仅作为手段,其本质是交易的联合,这与企业有本质区别。

农民专业合作组织与民间社团组织的联系是对内不以盈利为目的,协会型的合作组织与民间社团组织一样不开展盈利性经营活动。

(四)农民专业合作组织与民间社团组织的区别

农民专业合作组织与民间社团组织的区别主要为:(1)民间社团组织是社会团体,不承担经济责任;农民专业合作组织在成员内部进行生产经营活动承担一定的经济责任。

(2)一般群众性社团组织对内对外都不追求盈利;农民专业合作组织是一个经济组织,从事经济活动,在成员内部开展经营活动,对外是要讲效益、追求盈利的。

(五)农民专业合作组织与一般意义上股份制企业的区别

农民专业合作组织与一般意义上股份制企业的区别表现为以下四个方面。

1. 经营目标不同

股份制企业以利润最大化为目标,农民专业合作组织具有追求利润和为其成员提供服务的双重目标。

2. 生产资料占有使用形式不同

股份制企业通过发行股票或募集股本形成企业的资产,财产的所有权与经营权相分离;农民专业合作组织所形成的企业财产承认其所有权不变,财产的所有权与经营权可以合一,也可以分离。

3. 管理原则不同

股份制企业一般对股东入股多少没有限制,股票可以买卖或转让,但不能退股,按掌握股份的多少决定权力的大小,实行一股一票的管理原则;专业合作组织一般对成员入股的多少有限制(高限和低限),各成员拥有股份的数量差别不大,股份只是入社的条件,不是有价证券,不能买卖,但可以退股,实行一人一票的管理原则(在国外新一代合作社有与持股份额和交易额相结合的一人多票方式)。

4. 分配原则不同

股份制企业实行按股分红,农民专业合作组织则按照股份、投资额或以成员惠顾量分配为主。

农民专业合作组织和科技部门的关系实际上是指导与被指导,互相支持的关系。农民专业合作组织要积极争取科技部门的支持,主动承担技术推广的中介和组织任务,建立科研开发、示范基地,聘请科技人员直接参与农民专业合作组织工作,充分发挥科技部门在指导农民专业合作组织,普及科技知识、发展农业生产过程中的骨干作用。

农民专业合作组织与各级政府的关系从目前我国实际情况出发,农民专业合作组织的发展离不开政府的扶持与引导,这和民办原则并不矛盾。这种扶持与引导需要把握以下几点:

(1)政府要制订必要的适度干预与扶持政策,予以正确引导;

(2)政府部门切不可包办代替,把农民专业合作组织搞成官办的组织;

(3)当地政府领导不要在农民专业合作组织中担任实职;

(4)农民专业合作组织可以聘请专业技术人员到农民专业合作组织兼职或任职;

(5)充分尊重农民专业合作组织的经营自主权和财产所有权,不能搞平调,不能加重其负担;

(6)绝不能一哄而起。

五、合作社日

1992年,国际合作社联盟决定将每年7月的第一个星期六确定为"合作者的节日"(International Day of Cooperatives)。1992年联合国大会通过第47/90号决议,宣布1995年7月的第一个星期六为联合国国际合作社日,以纪念国际合作社联盟建立100周年,并决定考虑将来每年都将此日定为联合国国际合作社日。有关年份的国际合作社日的主题是:

1996年国际合作社日的主题是"合作社企业";

1997年国际合作社日的主题是"合作社对世界食品保障的贡献";

1998年国际合作社日的主题是"供销合作社与经济全球化";

1999年国际合作社日的主题是"公共政策与合作社立法";

2000年国际合作社日的主题是"合作社与促进就业";

2001年国际合作社日的主题是"第三个千禧年中的合作社优势";

2002年国际合作社日的主题是"社会与合作社:关注社区";

2003年国际合作社日的主题是"合作社实现发展!合作社对联合国千年发展目标作出的贡献";

2004年国际合作社日的主题是"合作社合乎公平的全球化:为所有人创造机会";

2005年国际合作社日的主题是"微观金融是我们的事业:合作走出贫困!";

2006年国际合作社日的主题是"合作社构建和平";

2007年国际合作社日的主题是"以合作社价值与原则增强企业社会责任";

2008年国际合作社日的主题是"依托合作社企业应对气候变化";

2009年国际合作社日的主题是"通过合作社企业推动全球复苏";

2010年国际合作社日的主题是"合作社让妇女更有地位";

2011年国际合作社日的主题是"青年,合作社的未来";

2012年国际合作社日的主题是"合作社,幸福你我他"。

六、我国合作社发展历程

(一)新中国建立以前

1918年,从法国归国的北京大学法科教授胡钧组织60多名北京大学学生成立中国第一个合作社——北京大学消费公社。此后两年,上海、武汉、成都、长沙等地纷纷组建合作社,然而这些合作社只是基于国外合作模式的模仿,没有同中国实际相结合,很少能存在两年以上。

国共两党都对合作社给予了足够的重视。1934年,国民政府立法院正式通过《中华民国合作社法》,并于同年8月颁布《合作社法实施细则》。《合作社法》颁布第二年,国民政府正式成立合作社司,统一管理合作社。

1920年初,共产党人于树德、沈定一对合作社很感兴趣,毛泽东也对合作社很感兴趣,曾与"贫民公社"的人员有来往,并且在《湖南农民运动考察报告》中明确指出合作社是湖南农民运动的"十四件大事"之一。1927年6月,中共中央制订了《协作社之决议草案》,全面阐述了办合作社的原则和方法。1930年,由毛泽东创立的闽西革命根据地发布了《合作社讲授大纲》,作为第一个向群众系统宣传合作社的材料。

需要指出的是,国民党的合作社是为了稳固其政权设立的,大多依靠地主、富农、保长等人物,并没有给农民带来实际利益。而中国共产党的合作社发展了生产,提高了劳动效率,在缓解当时的经济困难、改善农民生活方面都起到了积极的作用。1949年以前,无论是在国统区,还是在解放区,农民合作社都有一定发展,并在移民、自救、乡村建设、大生产运动中发挥了重要作用。

(二)合作化运动时期

1949年以后,农民合作社都经历了一个大发展时期。由于国际政治、经济环境的差别,两岸农民合作社经历了不同的发展轨迹。就大陆而言,土地改革以后,实现了"耕者有其田"愿望的农民,生产互助的热情高涨,1950年到1956年兴起了互助合作运动,农村很快医治了战争创伤,形成了安居乐业、人畜兴旺的局面。1956—1978年,受苏联模式的影响,我国实行高度集权的计划经济,在农村开展了人民公社化运动,农民合作社变成了人民公社体制下的生产合作社、供销合作社、信用合作社"三驾马车"。这个时期的合作社对巩固政权、集中资金建设基础工业、开展农田基本建设、保证城市供给发挥了极为重要的作用,但也存在许多弊端。

新中国建立以后,中国合作社经历了农业生产互助组、初级农业生产合作社、高级农业生产合作社和人民公社等不同发展阶段,此后又经历了农业学大寨阶段。土地革命前,我国农村地权分配处于极不均衡状态,占总人口不到5%的地主占有近40%的耕地,并且以耕地水田居多,而人数众多的农民群众却处于极度贫苦、一穷二白之中。在这种情况下,正是依靠贫苦阶层的支持,解放战争才取得了最终的胜利,为了巩固胜利成果,新中国建立后我党做的第一件事就是进行土地革命。

1950年6月30日,新中国第一部土地法《中华人民共和国土地改革法》诞生,接着土地改革便普遍展开。剥夺地主的土地平均分配给贫苦农民,这一做法使农户与土地最直接地结合起来。到1953年春,除一些规定暂不进行土地改革的少数民族地区外,中国大陆的土地改革基本完成。这一改革有效地实现了农村土地分配的均等化,关于土地改革前后农村各阶层的土地占有情况参见表1-1。

表1-1 土地改革前后农村各阶层的耕地占有情况

	土地改革前		土地改革后	
	人口比重(%)	占有耕地比重(%)	人口比重(%)	耕地比重(%)
贫雇农	52.37	14.28	52.2	47.1
中农	33.13	30.94	39.9	44.3
富农	4.66	13.66	5.3	6.4
地主	4.75	38.26	2.6	2.2
其他	5.09	2.86	—	—

(资料来源:黄道霞、余展、王西玉:《建国以来农业合作化史料汇编》,中共党史出版社1992年版)

农业生产互助组阶段从1951年春至1955年底,以建立发展基于土地私有劳动换工互助为特征。这一时期的互助组主要解决农户间劳力、耕畜、劳动工具缺乏的问题。随着1953年春土地改革的基本完成,中国农村改革任务也基本完成,中国农村社会逐渐趋于安定,农业生产迅速恢复,但很快又出现农户间"两极分化"的趋势。"两极分化"是指当时一小部分经济上升较快的农户开始买地、雇工、扩大经营,而另一部分因为种种原因变得生活困难的农户则开始卖地、借债和受雇于他人。1951年春,中共中央《关于农业生产互助合作的决议(草案)》发表,标志着互助合作成为一种制度,同时农村的互助合作运动也开始加快,在1952年一年中,全国新增农业互助组335.1万个,参加的农户达4536.4万户,占全国农户的比重上升到39.9%。

在这个阶段,农民只是在具体的生产过程中打破了家庭的界限,在各个生产环节上实行互助,而属于各户的土地并没有合到一起。这是一种不改变生产资料的归属、劳动者通过生产过程中的协作,来解决生产要素分配不均匀的经营形式。这一阶段,耕地的利用方式基本等同于第一阶段。以浙江省为例,1953年底全省农业生产互助组达到28.1万多个,入组农户已占总农户的49.2%。

初级农业合作社发展阶段从1953年冬至1955年冬,以大量发展的农业生产互助组基础上建立起来的初级合作社为特征。这种初级农业合作社实行土地入股,统一经营,按照农民自愿互利原则,将土地、耕畜、工具统一交由合作社管理使用。土地报酬低于劳动报酬,社员可保留少量自留地,允许经营家庭副业。1953年11月全国第三次互助合作会议在北京召开,会议上根据毛泽东的要求,我国农村互助合作运动的中心出现了转移,即从发展互助组为中心转向了发展农业合作社,首先发展的是初级社。1953年12月16日,中共中央通过了《关于发展农业合作社的决议》,在总结了农业合作社在发展过程中显示出的十大优越性后,还规定了农业合作社的发展指标,如到1954年秋收以前,全国农业合作社应发展到35800个。此阶段的初级合作社情况不同于互助组。尽管土地属农户私有的性质没有改变,但加入初级社,农户的土地必须以入股的形式,交由社里统一经营。劳动成果也由社里统一分配,只保留了入股土地的分红,以体现土地所有者的权益。在这个阶段,每一块具体耕地的产出状况,与所有者已经没有了直接的经济联系,农户(社员)都必须根据合作社全部土地的经营状况,决定社员的收益。初级农业合作社尽管保留了农户土地的私有权,但农户实际上已经失去了对土地的控制权。以浙江省为例,1955年底全省初级农业合作社突破10万个,入社农户突破300万户。

高级农业生产合作社发展阶段是从1955年底至1956年底。这种合作社是以一种集体经济所有制为基础的集体经济组织。高级农业合作社取消了土地报酬,将社员私有土地无偿收归集体所有。高级合作社通行的已经不再是合作经济原则,而是集体经济原则。1955 年 10 月,中共七届六中全会通过了《关于农业合作化问题的决议》。1955 年年底,毛泽东为《中国农村的社会主义高潮》一书作序。这两份文献对中国农业社会主义体制的影响,不亚于党的十一届三中全会决议对中国经济体制转换的影响,它直接导致农业组织形式由初级社向高级社和"人民公社"过渡。由于受《关于农业合作化问题的决议》和《中国农村的社会主义高潮》的影响,高级社的数量迅速增加,到 1952 年 2 月中旬,全国加入农业生产合作社的农户,已占总数的 85%,其中加入高级社的农户,已占全国总农户数的 48%。而到 1956 年底,参加农业生产合作社的农户,已占总数的 96.3%,其中加入高级社的农户,占全国总农户数的 88%。1953—1957 年全国参加初级社和高级社的农户数见表 1-2。

表 1-2　全国参加农业生产合作社的农户数　　　　　　(单位:万户)

年份(年)	1953	1954	1955	1956	1957
高级社	0.2	1.2	4.0	10742.2	11945
初级社	27.3	228.5	1688.1	1040.7	160.2

(资料来源:黄道霞、余展、王西玉:《建国以来农业合作化史料汇编》,中共党史出版社 1992 年版,第 1354 页)

(三)人民公社时期

1958 年 8 月 13 日,《人民日报》发表了《毛泽东视察山东农村》一文,文章报道了毛泽东同志 1958 年 8 月 9 日在山东视察时说:"还是办人民公社好,可以把工、农、商、学、兵合在一起,便于领导。"之后,全国农村迅速地进入了实现人民公社化的大规模运动。此后,《红旗》杂志于 1958 年 9 月 1 日发表了《迎接人民公社化的高潮》的社论,《人民日报》则于 1958 年 9 月 10 日发表了《先把人民公社的架子搭起来》的社论。在这种轰轰烈烈的气氛中,到 1958 年 9 月底,全国实现了人民公社化。人民公社体制的基本特征是一"大"二"公"和政社合一。所谓一"大",就是规模大,一乡一社,几千农户,几万人口为一个公社。按建立人民公社之初的想法,整个公社为一个经济核算单位,之前的高级社只是生产耕作区,不实行单独的经济核算。劳动力在全社范围内进行统一安排,提出了所谓的"组织军事化、行动战斗化、生活集体化"的口号。所谓二"公",就是生产资料的公有化程度高。经过人民公社化运动,除了农户自有的生产资料,整个农村所有的生产资料都已转为归公社集体所有。所谓"政社合一",就是以乡为单位的农村集体经济组织,与乡政府的合一,实际上就是乡政府行使管理农村经营活动的权利。从经济关系来看,人民公社化运动所达到的目的,就是农村生产资料的完全公有化、农村经济活动的高度集中统一化、农民收入分配的极大平均化。因为实行人民公社化的种种弊端,例如"食之者众、生之者寡",还有严重的"五风"即共产风、浮夸风、命令风、干部特殊风和对生产的瞎指挥风,农民群众的生产积极性明显下降。于是 1960 年 11 月,中共中央发出了关于农村人民公社当前政策问题的紧急指示信,对人民公社进行了改革,实现了"三级所有,队为基础"。其中的队之前为生产大队,后来核算单位改为生产小队,把生产管理权和分配的决定权都下放给生产小队。耕地、养殖、农具都归生产队所有。该制度一直比较稳定地实行到农村改革之前。短短的四五年时间,农业的经营形式却先后经历了私有土地上的分户经营、私有土地上的互助经营、私有土地上的合作统一经营,以及集体公有土地上的集体统一经营这样几个大的变化。

从实现了高级社之后的 1957 年到实行改革之前的 1978 年,在这 21 年间,我国粮食的总产量增长了 58.1%,平均每年增长 2.2%;棉花总产量增长了 50.0%,平均每年增长了 1.95%;油料总产量增长了 2.6%,平均每年仅增长 0.12%。以这三种主要农产品的全国人均占有量来看,1957 年时,人均占有粮、棉、油的数量分别为 306 公斤、2.6 公斤和 6.6 公斤,但到 1978 年全国每人平均占有粮、棉、油数量分别为 318.7 公斤、2.3 公斤和 5.1 公斤;历时 21 年,人均占有的棉花和油料,反倒分别减少了 11.5% 和 22.7%。这些数据说明了这种"大一统"的农村经济体制,严重制约了农村生产力的发展。

(四)改革开放以来

自 1978 年以来,人民公社制度逐步解体,农民开始自发组建合作组织,中国农民专业合作组织逐步发展起来。1980 年中国出现了第一个农村专业技术协会。从此,一种崭新的农业经营组织形式——新型农民专业合作组织在中国悄然兴起,并以各种不同的形式蓬勃发展起来。中国农民专业合作组织的发展经历了从简单到复杂、服务涉及面、从单一农产品生产领域到多领域综合性服务的过程。其发展历程大体上可分为三个阶段。

1. 萌芽阶段

1978 年到 20 世纪 90 年代初是农村专业技术协会的兴起时期。自 1978 年开始,我国农村经济体制进行了两个重大的历史性变革,即农产品生产领域的家庭联产承包责任制和农产品流通领域的市场化改革。其中,家庭承包经营制度确立了农户在农业经济中的微观主体地位,即确定了农村以家庭为农业生产的基本单位,独立决策生产经营项目、自由获得报酬,有效激励农业经济的发展。第二项改革逐步将农产品市场的价格放开,到 20 世纪 90 年代初,多数农产品实现了在市场价格杠杆的作用下实行自由交换。两项改革促进了农业经济快速发展,同时也暴露出一些矛盾,一方面是农产品逐步市场化,对农产品种类、数量和质量等方面的要求逐步提高;另一方面是农户的小规模家庭化生产,投资能力弱、抗御市场风险能力差。为了适应农产品市场化的要求,一些从事相同农产品生产的专业农户率先行动起来,在坚持家庭承包不变的前提下,按照自愿、互利、民主的原则自发地联合起来,共同开展技术交流、技术推广,引进新品种、新技术等活动,逐渐形成了多种类型的农民专业合作组织。20 世纪 90 年代兴办的合作组织多称作"协会",活动内容以技术合作和交流为主。无论是其制度设置还是所处历史时期,"协会"都可以称为我国农民专业合作组织的初级形式。

这一时期,农村专业协会涉及的行业领域繁多,根据协会提供服务所涉及的内容,可以分为专业技术协会、专业农机协会、专业购销协会等。根据带头领办的主体不同,大致可以分为以下三种。

(1)科技人员带头创办的专业协会。我国农村县乡基层农业技术推广部门有大批农业技术人员,利用其熟悉当地自然环境和社会环境,发挥其知识结构较新、消息灵活、物资供应及时的优势,带头创办农业技术推广协会、各种蔬菜种植协会、禽畜养殖协会等基层专业协会组织,提供技术、良种和其他物资等方面的支持,带动农户发展特色种植、养殖业。

(2)龙头企业领办的专业协会。实力雄厚的农产品加工龙头企业和试图充分利用当地农产品资源优势的乡镇农产品加工企业,采用契约、股份合作等形式,积极推行"公司+基地+农户""协会+农户"等新机制,组建农产品购销协会、农产品运销协会等专业合作组织,辐射种植、养殖、加工、销售等产前、产中、产后不同环节,引导带动当地农民,初步形成了紧密的利益联结机制。

(3)基层政府推动建立的专业协会。为了帮助农民改变家庭生产在市场中势单力薄的弱势地位,县乡各级政府推动组建了各类协会,以当地的村干部或有技术、懂经营、有一定影响力的农民为主体,吸收广大村民,把农民有机地联系起来,提高组织化程度。专业协会的重点在于帮助搞好产后销售服务,增强农民闯市场的能力和动力,带动了大批农户。这一时期,农村专业技术协会在农产品市场化进程中稳步向前发展,推动了农业生产专业户、专业村的发展,并为农产品专业合作社的发展奠定了重要的组织基础,积累了有效的实践经验。

2. 起步阶段

20世纪90年代,专业合作社和股份合作社兴起。20世纪90年代初,我国农村农产品市场化改革基本完成,农产品流通的市场机制初步建立。农村专业协会在这一时期继续发展壮大,专业协会不论是总量规模、会员数量,还是业务涉及的领域都在不断扩大,在农业技术推广中的作用日益增强,并且为会员提供的服务范围也在不断拓展。农业产业化、规模化经营率先在山东、浙江等地发展起来,在各种形式的组织创新中,出现了农产品销售专业合作社。由于家庭承包经营方式决定了我国农业生产的规模非常小,全国共有2.3亿多农户,种植业的平均规模仅为每户0.5公顷,无法适应农产品市场的需求。随后涌现出了业务涵盖农产品产前、产中、产后等不同生产阶段的专业合作社。与此同时,很多专业协会在满足会员技术服务要求的基础上,向产前和产后领域延伸,从原来的松散联合向利益均沾、风险共担的紧密型联合体发展,演进成为共同购买农资、共同销售农产品的专业合作社。

据农业部1998年的一项调查,以合作组织带动的约占农业产业化组织总数的30％左右,而合作组织当中有60％是专业合作社。可见,到20世纪90年代末,农民专业合作组织已经成为推进农业产业化经营的一种重要的组织载体。但是总体看来,这一时期的农民专业合作组织发展相对缓慢,其主要原因包括以下三点。

(1)农民的合作需求不大。农户经营的规模小、产品少,总收益不大,考虑到加入合作组织的成本,自产自销与合作经营的差额不大,甚至为负,参加合作的积极性不大。

(2)政府的引导支持不足。组织合作组织要获得规模效益,如扩建大棚、引进新品种等,需要一定的成本投入。在农户自有资本有限的情况下,政府的政策扶持和引导非常重要。在这方面,政府的扶持政策特别是财政支持还很少。

（3）法律保障的缺位。因没有相关的法律,在对专业合作组织、特别是专业合作社的法律地位的界定和经营活动的规范等方面,缺乏有效的制度创新供给保障,这制约了合作组织的发展。

3. 深化发展阶段

进入 21 世纪,农民专业合作组织蓬勃发展,特别是专业合作社数量剧增。农业部农村合作经济管理总站的统计资料显示,到 2007 年,全国各类农民专业合作社总数超过 15 万个,成员规模达到 2363 万户,占全国农户总量的 13.8%；带动非成员农户 5512 万户,占农户总数的 21.9%,两类农户合计占农户总数的 35.7%,其中入社农户平均增收 20% 以上。特别是 2007 年 7 月 1 日起颁布实施《中华人民共和国农民专业合作社法》后,专业合作社成为各类农民专业合作组织中发展最快的组织形式。仅 2007 年 7 月 1 日至 2007 年 12 月 31 日,全国工商机关共登记注册农民专业合作社法人 26397 户,成员总数共计 350947 人,成员出资总额共计 159 亿元。在农业现代化过程中发展起来的农民专业合作组织,具有和以往合作组织显著不同的一个特点——更加注重实现生产流程的标准化。在国家或省级有关部门批准认证的“绿色产品”“有机产品”“无公害产品”生产基地中,超过 1/4 的生产基地是由专业合作组织兴办的,总数达到 3000 多个。此外,农民专业合作组织创立自有品牌的意识空前强烈。据农业部的统计,目前农民专业合作组织拥有的注册商标有 2.6 万多个。

从变迁历程可以看出,我国农民专业合作经济组织在萌芽阶段以专业协会为主,之后专业合作社和股份制合作社逐渐发展起来。

1978 年农村实行了改革开放的政策,以农户为主体的各类合作社不断涌现。1983 年前后,农村出现了多种形式的联合体。特别是农户之间的专业化分工的发展,各种专业户、专业村不断涌现,农民对技术、生产服务的需要多样化,一批专业合作社、专业协会应运而生。这类以农户、农民为主体的合作社、协会,被称为农民专业合作经济组织。农民专业合作社在农业产业结构调整、统一农产品规格、提高农产品质量、开展农产品加工储藏、开拓农产品国内外市场、增加农民收入等方面显示了强劲的生命力。与此同时,“三驾马车”的传统合作社也在不同程度上进行改革,随着家庭承包制的建立,农户成为基本经营单位,生产队、生产大队、人民公社的职能发生了根本改变；随着集市贸易、农产品市场、生产资料市场的逐步放开,基层供销合作社、县级以上联合社的职能、体制也发生根本转变；由于金融行业的特殊地位,市场化进程滞后,农村信用合作社、县级以上信用联社的职能转换也相对滞后。这是传统合作社迟缓的改革转型时期。农民专业合作组织是农村改革开放后,农民群众为应对商品经济的激烈市场竞争,在家庭承包经营基础上,按照"民办、民管、民受益"的原则,自愿组织起来在技术、资金、信息、生产、加工、仓储、购销等方面实行互助合作的组织。这一新型的农村生产经营组织形式是农村统分结合的双层经营体制不断发展和完善的必然趋势,是引导农民进入市场和提高农业组织化程度的需要,是推进农业产业化经营、增加农民收入的有效组织形式,对于完善农村经营体制、发展现代农业、推动社会主义新农村建设具有重要意义。2007 年 7 月 1 日,《中华人民共和国农民专业合作社法》颁布实施,我国农民专业合作组织步入依法规范发展的轨道,成为促进农业和农村经济发展的生力军。

20 世纪 80 年代初,农村家庭联产承包责任制的建立使农民获得了自主权和收益权。1980 年至 1993 年为农民专业合作组织的自发发展阶段。这一时期农民专业合作社发展有四个鲜明特点:第一,农民专业技术协会成为发展主流。第二,依托基层农业技术服务部门发展。第三,引人注目的新经济联合体出现,如跨区域建立,资金、劳力结合,合股经营。第四,包含合作属性的农村合作股份经济出现。1978 年党的十一届三中全会召开后,全国各地大胆迈出探索农村经营体制改革的步伐,实行了多种形式的联产承包责任制。1984 年底,中央 1 号文件废除人民公社体制,以家庭承包经营为基础,统分结合的双层经营体制在全国农村得以全面确立,按照政社分设的原则,我国在乡村设置了社区集体经济组织,承担原人民公社的经济职能。文件同时明确提出,农民群众可以不受地区限制,自愿参加或者组成不同形式不同规模的各种专业合作组织。

随着农村市场经济的发展和农产品购销体制的改革,市场机制逐步引入农业和农村经济,一批专业农户、专业村随之涌现出来。广大农民群众更多地面向市场,根据市场需求安排生产经营,农民出现四个方面的迫切需求:一是发展专业生产,提高规模效益;二是引进新品种,应用新技术,提高农产品产量和质量;三是提供农产品产前、产中、产后的多方位服务;四是根据市场需求,调整生产经营结构,抵御市场风险,较快地增加收入。面对这种新形势和新要求,以农村专业户为骨干力量,由农民自己兴办的新型专业合作组织便应运而生,解决了一家一户干不了、干不好的事情,成为连接农户与市场、农户与企业、农户与政府的桥梁和纽带。

1994 年至 2004 年是合作组织的推动发展阶段。1994 年 1 月,农业部和国家科委联合下发了《关于加强对农业专业协会指导和扶植工作的通知》。同年,农业部和相关部门协作完成了《农民专业协会示范章程》的起草工作。《关于加强对农业专业协会指导和扶植工作的通知》和《农民专业协会示范章程》的颁布和实施,使我国农民专业合作组织进入推动发展阶段。

以浙江省为例,到 2000 年底,浙江省共有各类农民专业合作组织 2667 家,社员 20.18 万。从依托情况看,呈多部门牵头兴办形式发展。从产业看,以种养业为主。从服务看,以低成本的技术、信息服务为主。从成员看,以当地乡镇农民参加为主。从出资情况看,以农民自筹和农民混合出资为主。从组织形式看,主要是专业合作社和专业协会两类。

2005 年至今,是农民专业合作社的依法规范和合作发展阶段。这一阶段的显著标志是《浙江省农民专业合作社条例》于 2005 年 1 月 1 日正式实施。在这一阶段,农民专业合作组织的规范性不断加强,机构的持续发展能力不断增强,同时得到政府各有关部门积极支持。2007 年 7 月 1 日,《中华人民共和国农民专业合作社法》正式实施。

随着农村农业经济的发展,三十年来特别是近十年来,我国农民专业合作组织取得了长足发展,成就斐然。最新发布的《2011 中国合作经济发展研究报告》显示,目前全国经工商注册登记的农民专业合作社有 52.17 万家,实有入社农户 4100 万户,占全国农户总数的 16.4%,入社农户收入比非成员同业农户收入高出 20% 以上。这份报告由中华合作时报社、中国合作经济杂志社与安徽财经大学联合推出。报告显示,农民专业合作社广泛分布在种植、畜牧、农机、渔业、林业、民间传统手工编织等产业,入社农户收入比非成员同业农户收入高出 20% 以上,在完善农村经营体制、推动现代农业发展中发挥了重要作用。

(1)法制建设取得重大突破。2006 年 10 月 31 日,《中华人民共和国农民专业合作社法》正式颁布,2007 年 7 月 1 日起正式实施。这部法律赋予了农民专业合作社法人资格,确立了农民专业合作社的市场主体地位,适度规范了农民专业合作社的组织和行为,保障了农民成员的民主权利和合法利益。法律的颁布实施,为农民专业合作组织发展创造了良好的制度环境,标志着我国农民专业合作组织进入了依法发展的新阶段。

为确保农民专业合作社法顺利实施,国务院颁布的《农民专业合作社登记管理条例》、农业部及时颁布的《农民专业合作社示范章程》于 2007 年 7 月

1 日起实施。财政部颁布了《农民专业合作社财务会计制度（试行）》，2008 年 1 月 1 日起施行。农民专业合作社建设与发展的法律法规制度框架体系已初步建立起来了。为全面贯彻农民专业合作社法，2007 年 11 月 24 日，陕西省人大常委会通过了《陕西省〈农民专业合作社法〉实施办法》，2008 年 1 月 1 日起施行。此外，湖北省人大常委会也审议通过了《湖北省实施〈中华人民共和国农民专业合作社法〉办法》。

（2）政策支持体系逐步完善。党中央、国务院一直高度重视农民专业合作组织建设与发展。1984 年中央关于农村工作的第一个 1 号文件就明确指出："农民还可不受地区限制，自愿参加或组成不同形式、不同规模的各种专业合作组织。"1985 年，中央 1 号文件强调："农民专业合作组织是群众自愿组成的，规章制度也要由群众民主制订；认为怎么办好就怎么订，愿意实行多久就实行多久。"此后，中央多次就发展农民专业合作组织提出明确要求。进入21 世纪以来，面对农业发展进入新阶段的新形势、新任务和新要求，中央对发展农民专业合作组织作出了一系列新的部署。党的十六届三中全会、五中全会，2003 年的中央 3 号文件和 2004 年以来的 4 个中央 1 号文件，都对促进农民专业合作组织发展提出了明确要求，逐步形成了一系列具体的政策措施。目前，全国已有 29 个省（区、市）制定了专门文件，明确了财政、税收、信贷、用地、用电、人才等方面的支持政策，有力地促进了农民专业合作组织的快速发展。

（3）试点示范效应不断增强。自 1994 年起，农业部组织开展农民专业合作组织试点示范建设，在安徽、山西、陕西等省开展农民专业合作组织试点工作。2002 年至 2003 年，农业部在全国确立了 100 个农民专业合作组织试点，6 个地市级农民专业合作组织综合试点，确定浙江省为农民专业合作组织试点省。从 2004 年开始，在中央财政支持下，农业部组织实施"农民专业合作组织示范项目"建设，截至 2008 年共扶持了 633 个农民专业合作组织。2005年，确定北京、吉林、浙江、安徽、湖北、湖南、山东、河南、陕西、宁夏、四川和青岛等 12 个省、自治区、直辖市和计划单列市为农民专业合作组织建设试点省市。2008 年，开展了农民专业合作社以奖代补试点工作，进一步探索财政扶持方式。

在农业部试点示范工作的推动下，各地农业部门也相继在省、市、县三级组织试点示范项目建设。通过试点示范建设，指导专业合作组织健全民主管理制度，实行标准化生产、专业化服务、产业化经营，增强了生产、技术、加工、贮藏、运销等服务能力,提高了农民进入市场的组织化程度,发展了主导产业和特色产品,提升了农产品质量安全水平,有力地促进了地方扶持政策的制定出台,推动了农民专业合作组织健康发展。

(4)组织功能作用日渐显著。农民专业合作组织通过实施标准化生产,开展统一服务,增强了农业市场竞争能力;通过挖掘农业内部潜力,调整农业结构,增加了农民收入;通过开展产业化经营,形成"一村一品""一品一社"的产业组织格局,提升了农民市场谈判地位;通过进行农业社会化服务,推动基层农业技术推广体系改革,加快了农业科研成果转化和技术推广应用的步伐;通过实行"一人一票"决策制度,加强民主管理,提高农民素质,培养了一批新型农民;通过改变乡风习俗,促进农村精神文明建设等形式多样、内容丰富的业务活动,壮大了对成员的服务队伍,提高了农产品市场开拓力,增强了当地主导产业带动力,农民专业合作组织功能作用的发挥日益显著,凝聚力、吸引力和号召力不断增强。

(5)社会影响逐步扩大。2003年,农业部在全国首次表彰50家先进农民专业合作组织,引起社会关注。近年来,新华社、人民日报、中央电视台、中央人民广播电台、农民日报、中国农民专业合作社网和地方各级各类新闻媒体不断加大农民专业合作组织典型宣传力度,使一批经济实力强、品牌传播广的农民专业合作组织脱颖而出;一批农民专业合作社的带头人当选为全国和地方各级人大代表、政协委员、劳动模范、"巾帼标兵"。

2007年第五届中国国际农产品交易博览会上,开办了"一村一品专业合作社"展区,有47个农民专业合作组织参展。展销期间,农民专业合作组织与国内外客商现场签约成交额达5亿多元,产品供不应求。

由此可见,我国农民专业合作组织按发展时期可以分为两大类:传统农业合作经济组织和新型农民专业合作组织。传统农民专业合作社又可称为社区农民专业合作组织,是由政府组织、自上而下强力执行而成立的,如高级合作社、人民公社。因其使用政府强制命令执行、"归大堆",侵犯了农民群众对生产资料的使用权、经营权和自主权,剥夺了农民对农业生产利益的自主分配权等,严重损害了农民的利益,阻碍了我国农业生产力的发展。而今后发展的趋势是新型农民专业合作组织,它是在实行了以家庭承包经营责任制为主的双层经营体制后,为了解决农民的一家一户小生产与大市场的矛盾,而由农民自发组合建立的农民专业合作组织,以实现规模化,达到规模效应。它是农民自治组织,政府只能扶持指导不能参与管理,避免出现之前的强制作业现象,这样可以更大地激发农民的积极性。我国现阶段的农民专业合作组织与农村传统集体经济既有联系又有区别。两者的联系是同属于我国农村经营体制统分结合中的"统"的范畴,其基本出发点都是为了提高农业生产率。

现阶段的农民专业合作组织建立在社会主义市场经济体制条件下,由此明显区别于我国的农村传统集体经济,具体区别表现在以下四个方面。

第一,所有制不同。农民专业合作组织是其成员以劳动联合为基础的生产要素组织形式,而不是某一特定的所有制形态,同时承认成员的自有资产权和入股分红权;农村传统集体经济具有明显的所有制特征,并以生产资料的集体所有为基础,不存在成员的个人资产所有权,是一种改造传统小农经济的过渡形式。

第二,经营方式不同。农民专业合作组织的成员实行家庭分散经营,只在农产品生产、加工、运销等具体约定方面实行共同经营;农村传统集体经济实行集体统一生产,成员只保留自留地、自养家畜和家庭副业。

第三,约束范围不同。农民专业合作组织成员自愿加入、自由退出,不受地域限制,且组织的经营空间范围也不受地域限制;农村传统集体经济以特定地域范围为经营基础,成员是该特定地域范围内农民并入土地的联合,成员没有自主选择进出集体的权利。

第四,分配形式不同。农民专业合作组织主要按成员的惠顾额(量)进行利润分配,同时按股分红;农村传统集体经济按成员的劳动量进行分配,不是惠顾和交易的关系。

七、合作社的功能及作用

(一)区分合作社对不同主体的作用

我国的农村经济体制改革创造了我国农民专业合作组织发展的两大基本前提:一是宏观上确立社会主义市场经济体制后,农民自我选择权扩大;二是微观上推行家庭承包经营责任制。

1.农民自我选择权利的扩大

市场化是我国经济体制改革的目标,以市场为资源配置的基础方式有利于资源的有效配置。农民专业合作组织是市场经济发展的产物,是在市场经济发展过程中广大小农应对大资本控制和中间商盘剥而采取的维护自身利益的联合行动。农民通过专业合作组织进行互助合作,以降低市场交易成本和自然风险,同时寻求实现规模经济,提高市场竞争力,缓解市场和政府的双失灵。

我国的经济体制改革在宏观上确立了社会主义市场经济制度,农民不再是计划经济体制下缺乏自我选择的简单劳动者,而拥有了自我选择的权利。随着我国市场化改革的有序推进,农产品市场和农业投入品市场全面开放,为发展农民专业合作组织,实现农业生产要素的合理流动提供了必备的环境。

2. 家庭承包责任制的推行

土地家庭承包经营是我国农村基本经营制度的核心,由此引发一系列的制度变迁,是制定农业政策的依据。在这样的制度框架下,我国社会主义建设史上开始实现所有权与经营权分离,农民获得生产经营的自主权,因而成为自负盈亏、自担风险的独立市场主体。在生产经营上,农民拥有独立自主的经营决策权,农业合作经济组织通过开展合作领域的业务活动为其成员提供指导、服务和进行交易活动,组织和成员在法律和经济地位上是平等的。家庭承包经营适合农业生产的自身特点,能使农民根据气候、环境、市场和农作物生长情况做出决策,安排劳动力和劳动时间。家庭承包经营不仅适应于以手工劳动为主的传统农业,也具有容纳采用先进生产方式和技术的现代农业的生命力。由于我国城市对农民的吸纳能力和提供的就业机会有限,人数约占国家总人数 60% 的农民难以大量转移;由于国力和国情所限,土地是农民的社会基础,是最后的保障,且这一保障功能将长期存在下去,因而保持和完善家庭承包经营是深化农村改革和维护社会稳定,激发亿万农民的积极性和创造力,为城乡经济社会发展提供强大动力的客观选择。我国农民一方面积极劳作,确保国家的粮食安全;另一方面以自身拥有的要素为条件参与合作,进入市场竞争,形成自身的财富积累,扩大再生产。由此两方面可以有效地巩固农业基础地位,促使三大产业良性互动,使消费经济日益活跃,城乡日趋一体化。

我国农民专业合作组织的发展正处于探索、规范和制度创新期,总体发展趋势好、成果好,同时也不可避免地存在发展中的一些问题,主要涉及合作经济的理念缺失,农民专业合作组织的组织建设面临诸多困境和难处。

(二)合作社的功能

邓小平指出："中国社会主义农业的改革和发展,从长远的观点看,要有两个飞跃:第一个飞跃,是废除人民公社,实行家庭联产承包为主的责任制。这是一个很大的前进,要长期坚持不变。第二个飞跃,是适应科学种田和生产社会化的需要,发展适度规模经营,发展集体经济。这是又一个很大的前进,当然这是很长的过程"。"两个飞跃"是一个既有区别又有联系的有机整体,第一个飞跃是第二个飞跃发展的基础,第二个飞跃是第一个飞跃发展的必然趋势。两个飞跃都是从我国农村经济发展的实际情况出发,探索有利于农业生产,有利于提高农民生活水平的农业现代化道路。从农业改革的实践看,第一个飞跃的实现主要得益于政策的力量;第二个飞跃则将主要依靠科技和组织管理的作用。第二个飞跃将比第一个飞跃任务更艰巨,意义更重大。农民专业合作组织在组织农民、发展经济、增加收入等方面具有以下四个方面的功能。

1. 组织功能

农民专业合作组织,对发展农村经济、促进农业产业化经营、增加农民收入方面的组织功能十分明显,具体可归纳为四个方面:(1)按照国家产业政策,组织成员进行生产与销售,促使农业生产由行政管理过渡到由合作组织协调管理;(2)根据国家产业规划以及市场信息,组织和协调农户进行专业生产,有利于促进农业生产的专业化;(3)根据市场需求和农民意愿,把分散的专业户、专业村,通过专业合作,创建起各种类型的专业生产合作社,组织农民共同闯市场,有利于提高农副产品的市场竞争力;(4)随着经济的不断发展,通过各类农民专业合作组织,可以直接组织农业劳动力有序地流转到二、三产业,逐步实现农业规模经营,有利于提高农业产业化经营水平。

2. 中介功能

各地经济发展的实践证明,大公司、大企业、大市场不可能直接面对千家万户。同样,分散经营的农户,既无法直接加入大公司、大企业的经营序列,也无能力进入大市场参与销售农产品的竞争。在市场需求与市场竞争中,农户为避免自然风险与市场风险,需要"合作经济"这一中介组织。同样,公司、企业也需要一个中介组织,以节约交易成本。无论公司、企业还是农户,作为产业链的两端,都需要一个中介组织,使公司与农户对接,使市场与农户对接。

3. 载体功能

所谓载体功能,是指农民专业合作组织从单纯的组织功能、中介功能中跳出来,逐步向产前和产后延伸,即由农民专业合作组织兴办各种经济实体,逐步将自身的组织演变成社区性的产业一体化组织或专业性的产业一体化组织。实现由组织、中介到经济实体的转变是农民专业合作组织发展过程中的一次质的飞跃,对增强农民专业合作组织产品的市场竞争力、提高初级产品的附加值、增加成员收入具有十分重要的意义。

4. 服务功能

向农户提供产前、产中、产后有效服务,是实施农业产业化经营必不可少的手段。由于农民专业合作组织的根是扎在农民这块土壤中的,因此它对农户的服务最直接、最具体,从而成为农业社会化服务体系中不可取代的重要组成部分,成为维系农业产业化链条各环节得以稳固相连并延伸的生命线。

(三) 农民专业合作组织的作用

1. 对农民的作用

(1)降低生产成本。通过专业合作组织,农民可以联合购买使用大型的生产资料如农业机械、加工设备等,降低独立购买这些生产资料时必须支付的消耗成本;可以统一批量采购农用生产资料,获得较低的市场价格;可以联合引进、使用先进技术,降低单个农户提高技术水平的成本。

(2)节约交易费用。农民买卖农产品的交易费用,主要包括界定和保障农产品产权的费用、发现交易对象和交易价的费用、讨价还价的费用、订立和执行交易合同的费用、监督违约行为并对之进行制裁的费用以及维护交易秩序的费用等。如果农民通过专业合作组织来销售农产品、购买生产资料,就可以使多个成员到市场进行的多次交易变为一次。由于交易费用与交易次数成正向关系,成员的数量越多,交易的市场越复杂,则农民专业合作组织节约交易费用的成效就越明显。

(3)提高农民谈判地位。在市场经济中,竞争能力的强弱与组织化程度呈正相关。分散的小农户因其规模小、素质低、实力弱,进入市场时,很难获得与交易对手平等的谈判地位,极易成为中间商的盘剥对象。农民专业合作组织作为一个整体参与市场交易,就可有效地抵御各方面对农民利益的侵蚀,提高农民在市场中的地位。

（4）增强农民抵御风险的能力。①降低市场风险。②提高抵御自然风险的能力。③减少技术风险。④统一技术标准，创造产品品牌，实现规模效益。单个农户生产规模小，注册申请一个品牌十分困难，但通过农民专业合作组织就可以把生产同类产品的农户联合起来，统一技术标准，创造出自己的农产品品牌，提高农产品的附加值。

（5）提升农民素质。通过参与农民专业合作组织的建设和运行过程，农民可以在科技应用、分工协作、组织管理、市场营销、对外交往以及民主决策等方面得到直接锻炼，从而提高市场意识、科技意识、民主意识、合作意识，提高自我组织、自我服务、自我管理的能力。统一技术标准，创造产品品牌，实现规模效益。

（6）增加农民利益。农民参加专业合作组织的主要目的是追求利益。例如，2005年，甘肃省各类农民专业合作组织销售各类农产品340多万吨，销售总收入达26亿余元，入会农民的人均纯收入比当地平均水平高20%左右；贵州农民专业合作组织带动农户79.5万户，从业人数35.1万人，农户从中增加收入23.42亿元；宁夏农村专业合作组织直接带动54.33万户农民增收，合作社会员户均收入9428.9元，部分农户收入比非会员高959.3元。

（7）维护农民权益。农民专业合作组织使农民在生产经营过程中不再以个体的身份出现，而是以组织的身份参加市场活动，使会员的权益得到有效保障。农民专业合作组织维护农民利益主要通过以下方面体现出来：一是农民专业合作组织能够代表农民与政府或有关部门开展协商对话，反映农民的呼声；二是农民专业合作组织通过统一提供物资，抵制了一些伪劣商品对农民的损害，维护了农民作为消费者的权益。在市场机制还不健全的西部地区，由于缺乏行之有效的宏观监控和制裁手段，市场交易秩序尚不规范，农民个体作为市场弱势一方，利益受损在所难免。以专业合作组织形式将农民组织起来，通过固定渠道或直接与厂家联系，能够将损失降到最低。

2. 对其他市场主体的作用

（1）降低龙头企业的交易成本。可以通过促进专业化生产，为龙头企业提供稳定的原料基地。与单个农户相比，农民专业合作组织的经济实力更强，更值得信任，龙头企业更愿意与其建立长期、稳定的契约关系，避免与分散农户进行交易时可能面对的违约风险。

（2）与农村集体经济组织相互促进。农民专业合作组织是兼顾公平与效率的组织，在不同市场主体之间起着某种制衡作用，也担负着促进农村社会发展的部分公益职责,可以在许多方面与农村集体经济组织建立密切的协作关系。

3. 对政府的作用

(1)落实国家产业政策。农民专业合作组织对自身行业的发展比较熟悉,从而可以帮助政府制定有关的产业政策,并协助落实。特别是加入世界贸易组织后,政府对农业的宏观调控手段将集中在"绿箱"和"黄箱"政策方面,而这些政策的落实依靠传统的行政渠道,成本高且效率低下。农民专业合作组织的发展,为落实国家对农民和农业的扶持提供了一个新的渠道。特别是对特定行业的扶持政策,通过由从事该行业的农民组成的专业合作组织来实施,必将是最有效率的途径。财政部办公厅在《关于中央财政支持农民专业合作组织试点工作的通知》(财办农〔2003〕91号)文件中指出:"国外经验表明,从立法、产业政策、财政、税收、合作教育和培训等多方面积极支持农民专业合作组织为主要形式的农村中介服务性组织的发展,对发挥政府在农村和农业领域提供公共服务的作用,能起到事半功倍的效果。我国农业经营单位和农民家庭数量庞大且分散,政府难以面对一家一户,支持农民专业合作组织发展实质上就是支持农业、农村和农民,并为国家财政支农提供了有效的载体和桥梁。"

(2)反映农民意愿。农民可以通过专业合作组织把自己的意愿和要求及时反映给政府。同时,也可以及时得到政府发布的农业产销、科技和政策等信息,提高政府对农业经济调控的针对性和有效性。国际经验表明,农民专业合作组织在政府与国外进行农产品贸易谈判时,也是一个极具分量的筹码。

(3)满足消费者的需求。随着人们消费水平的提高,消费需求日趋多样化,人们将更加重视食品质量和安全,但仅靠单个农户的微薄力量难以保障农产品质量和安全以及满足消费者的多样化需求。因此,家庭承包经营制是对生产力的解放而不是进一步的发展,克服农业家庭经营的局限性,简单地用其他类型的产业组织去替代家庭经营并不是理想的选择,因为这种替代尽管能克服农业家庭经营的局限性,却要以丧失家庭经营的效率为代价。完善家庭承包经营制的根本途径,就是在坚持家庭承包经营制的基础上,加快农业组织制度的创新,这也是继农村家庭承包经营之后的"第二次革命"。农民专业合作组织是在家庭经营的基础上组建起来的,既能保持农业家庭经营的效率,又能克服农业家庭经营局限性的产业组织。从微观的角度看,农民专业合作组织能在一定程度上实现农业的规模生产和经营,提高农业生产要素的综合利用效率,有利于现代化的技术、组织方式和资金的注入;此外,农民专业合作组织可以有效节约交易费用,提高农民在市场交易中的地位,使农民分享加工、流通领域的利润。从宏观的角度分析,一方面农民专业合作组织可以担当政府对农业进行指导和调控的组织载体,成为国家农业宏观调控的重要组织基础,提高政府调控农业和影响农村经济的有效性;另一方面农民专业合作组织可以成为农民与政府之间交流与沟通的桥梁和纽带,从而通过农民专业合作组织获取政府在农业领域的各种支持。从完善农村市场体系的角度看,完善的市场体系必须要有完善的社会化服务体系。农民专业合作组织能够有效地为农民提供产前的农资供应、产中的信息和科技、产后的储运和销售等农业生产的社会化服务,提高农业生产的专业化水平和生产效率。

我国农民专业合作组织契合了我国农业领域对组织制度和经营制度的创新需求,这种制度安排既蕴涵着中国农村社会中制度需求的极为复杂的利益机制,又包含着中国农业与农村制度供给的极为特殊的约束条件,更隐含着中国农民社会经济发展的制度前景。作为农民自己的组织,我国农民专业合作组织适应了农业现代化、商品化、专业化的要求,完善了农业的发展。

中国农业家庭承包经营制度的确立,为微观经济主体提供了有效的激励机制,是促进农业增长和农业技术进步的重要影响因素之一。以家庭承包经营制为核心的农业经济体制改革,重新构造了农村经济的微观组织基础,带来了显著的经济效益和社会效益,成为改革开放三十年来中国农业大发展的根本动因,被誉为中国农业改革和发展的"第一次飞跃"。然而,家庭承包经营制也存在两个显著的缺陷:一是农户经营规模过小,并且随着时间的推移,人均耕地面积有进一步缩小的趋势;二是农户经营过于分散,农户经营缺乏协调性。

大多数农户至今仍处于封闭、孤立的经营状态,还停留在小农经济、各自为战的阶段,组织化程度很低。家庭承包经营制度的缺陷阻碍了整个社会分工的演进,本来整个社会由于农业劳动力的解放,可以达到更高程度的分工和专业化水平,现在由于人为因素没有实现,阻碍了整个国民经济的发展。

随着我国农产品短缺时代的结束、中国加入 WTO 以及农业产业化进程的逐步推进,家庭承包经营制的不足更加凸显,传统的农业生产方式开始面临日益严峻的挑战。

首先,单个农户无力应对市场风险。农产品流通体制改革,打破了统购统销的计划体制,农民在获得经营与销售自主权的同时,必须面对千变万化的市场。由于缺乏适应市场的能力,弱小的农户单独面对广阔的市场时往往显得力不从心。

其次,由于市场力量不对称,农民难以获得有利的初级农产品交易价格,也难以涉足价值增值潜力较大的农产品加工和流通领域。农民在新的食品供应链中的获利空间很小,农户来自农业的收入增长缓慢甚至出现绝对的萎缩。

最后,在小规模农业生产条件下,对投资农业生产的社会化服务体系为农业生产经营注入了新的活力。但是,农民专业合作组织在发挥积极作用的同时,其自身发展却面临着一系列的问题。主要表现在:农民专业合作组织在各地区、各产业的发展水平不同、分布不均;大多数农民专业合作组织属于松散的专业协会,按照《农民专业合作社法》组建的农民专业合作组织并不多,有影响力的农民专业合作组织更是凤毛麟角;已有的农民专业合作组织大多数都是依托外部力量(龙头企业、政府农技部门、供销社、贩销大户等)而建,只有少数是由农民自发组建,农民专业合作组织通常被少数大股东、经营者所控制,中小农户处于依附地位,农户对农民专业合作组织的认同度较低,加入组织的积极性不高。从总体上看,我国农民专业合作组织的理想状态与发展现实之间还存在很大差距,一些理论与现实问题正羁绊着农民专业合作组织的组建与发展,成为阻碍农民专业合作组织绩效发挥的障碍。

(四)农民专业合作组织的功能

总体来看,农民专业合作组织的功能表现在以下几方面。

1. 带动农民增收

农民参加专业合作组织的主要目的是追求利益。农民专业合作组织带动农民增收的途径主要有:(1)为农户提供产前、产后各种服务,与农户建立风险共担、利益共享机制,降低生产成本,拓宽销售渠道,提高了农民讨价还价的能力。(2)通过农产品品牌效应,统一定价,统一品牌和质量标准,批量生产、规模经营。(3)通过向农户推广新技术、新品种,增强农产品的市场竞争力。

2. 促进主导产业形成

农民专业合作组织都是以某一种特定的农产品的生产经营而组建和发

展起来的,都在从事以本地区内特色资源为基础的特色产品的生产、加工或销售活动。农民专业合作组织发展特色产品的生产经营活动,极大地促进了本区域内该产品生产的集约化程度,并形成当地的主导产业,从而有效地带动本地区特色经济的发展。

3. 提高农业产业化经营水平

农民专业合作组织在农业产业化经营中起到了连接农业产业化龙头企业和农户的重要纽带作用。农民专业合作组织通过"公司+专业合作组织+农户"、订单农业等形式,形成从生产、加工、贮藏、保险,直到流通、消费的一个完整的产业链和利益共同体。农民专业合作组织一头连接龙头企业,一头连接农户,用合同、契约规范龙头企业与农户之间的关系,既确保了企业原材料货源的稳定性及质量,降低了与分散农户交易的成本,又使农户通过返利得到加工或流通领域的利润,两者相得益彰。具有一定规模和实力的农民专业合作组织,通过创办自己的运销、加工企业,形成农产品生产、加工、销售的一体化经营,实现对流通、加工领域利益的分割,从根本上实现了合作社利益与农民利益的统一。这种经营模式使农民的经营范围实现由第一产业向二、三产业的扩展,推动农业产业化发展。

4. 维护农民权益

农民专业合作组织使农民在生产经营过程中不再以个体的身份出现,而是以组织的身份参加市场活动,使会员的权益得到有效保障。专业合作组织维护农民利益主要通过以下两方面体现:(1)专业合作组织能够代表农民与政府或有关部门开展协商对话,反映农民的呼声。(2)专业合作组织通过统一提供物资,抵制了一些伪劣商品对农民的损害,维护了农民作为消费者的权益。在市场机制还不健全的西部地区,由于缺乏行之有效的宏观监控和制裁手段,市场交易秩序尚不规范,农民个体作为市场弱势一方,利益受损在所难免。以专业合作组织形式将农民组织起来,通过固定渠道或直接与厂家联系,能够将损失降到最低。

5. 创新农业经营制度

当前,我国正处在由传统农业向现代农业过渡的时期,农业产业化进程加快,农产品买方市场初步形成,农户经济对市场的依赖性和关联度不断增强。传统的农户家庭承包经营制度由于自身的"功能性缺陷"和外部环境的变化,难以真正适应农业市场化、产业化和现代化发展的要求。农民专业合作经济组织的发展,既满足了农民对市场经济条件下多样化、复杂化的服务需求,解决了集体经济实力薄弱导致的服务缺失问题,又可以在不改变农民家庭承包经营方式、农民拥有生产自主权的前提下,引导和帮助农民进入市场,增加农民收益。农民专业合作组织的建立,对优化农业资源配置和提高农业劳动生产率具有积极意义,一方面巩固了家庭联产承包经营责任制这个基础,另一方面又在家庭经济联合之上延伸和强化了家庭生产经营过程和能力,是对农村双层经营体制的进一步发展和完善。因此,通过农民专业合作组织的变迁,实现了农业经营制度的创新和均衡。

▶ 基础训练

素质题:1.说说自己家乡合作社的主要作用。

2.结合自己对合作社的了解,谈谈合作社在三农发展中的重要性。

3.结合某个特色鲜明的合作社,简述它的主要功能。

技能题:1.调查特色合作社功能相关的数据,完成数据调查报告。

2.写一篇介绍合作组织的小文章。

3.能够口述合作社的基本功能。

4.掌握合作社的数据调查方法,撰写合作社致富的文章。

知识题:以论述形式,区分合作社的功能及作用。

合作社组织模式及流程

▶素质目标

描述一个知名合作社的组织流程。

▶技能目标

1. 合作社模式分析报告。
2. 口述合作社申请流程。
3. 填写合作社申请文件。
4. 起草合作社社员章程。

▶知识目标

1. 了解合作社模式分类。
2. 熟悉合作社内部管理机构。
3. 了解合作社各个机构职能。

▶阅读材料

自 20 世纪 70 年代末期到 20 世纪 80 年代初期中国农村实行包产到户的土地承包制度以来,绝大多数的农户都解决了温饱问题,这为农业人口向其他产业转移创造了条件。但是,现有的土地制度虽然强化了土地作为保障农户生存的功能,却淡化了土地的要素职能。这就造成了土地资源并不能给农户带来应有的多重利益;相反,这种小块承包的小农经济反而将农户捆绑在土地上,使其在市场中处于极其不利的地位。农户如何改变这种处境,就成为政府和一些有远见的农户思索的问题,在许多备选答案中,农业专业化合作社成为最优答案之一。

最近的农业部统计数据表明,我国农村合作经济组织有 140 多万个,比较规范的有将近 14 万个,入社农户约占全国农户总数的 4%。根据这些合作组织的依托不同,大致可以将其分成三类:一是完全由农户自发创立的合作社,二是公司加农户模式,三是依托政府相关部门组建的合作组织。在这三种类型中,公司加农户的模式虽然得到广泛的推广,但笔者认为,公司作为市场的主体,自身追求的就是利益的最大化,因此在实施过程中,难免会做出一些有损农户利益的事情;以政府为依托的合作社占据了现有合作社的主要部分,但是由于监管的不力和法律的不健全,中间出现了许多形象工程与面子工程,严重打击了农户的积极性和合作社的健康发展。所以农业专业化合作社的真正出路在于农户自筹、自建、自管的"三自"方式。本文所要讨论的就是这种"三自"方式的合作组织。

浏阳市位于湖南省东部,是全国经济百强县市,但却是一个典型的农业型城市,农业人口占总人口的 90% 左右。主要以水田和水稻种植为主,辅以烟草、花木、蔬菜等作物。近年来,在政府的积极引导和农户的自发努力下,浏阳市的农业专业化合作社有了长足的发展,以大户带小户以及小户之间的自愿联合等方式建立了各种专业化合作社近 200 个,其中较规范的有 50 个左右。这其中比较有代表性的有大围山养蜂专业合作社,于 2003 年 5 月成立,由赖洪生等专业大户牵头组成,现有入社会员 200 多户,固定资产 800 万元,拥有自主知识产权的"锦寿堂"牌系列产品在 20 多个大中城市设立了销售网点和专卖店。另外,大围山香菇生产专业合作社,2003 年 10 月成立,合作社按照"民办,民管,民受益"的原则发展社员 500 多户,入股资金 21 万元,总资产近 100 万元。这些合作社基本上都具有农户自筹、自建、自管的特点,在发展的过程中较少受到政府的行政干预。他们一般都具有自己专门的合作章程、管理原则、分配制度、产品的专业科技支持和营销队伍。可以说,这些合作社的体制和合作方式与改革开放前的"大锅饭"以及改革开放后在土地责任承包中出现的一些生产资料的合作社有着本质的区别。合作社的组建改变了农户的市场地位,使得他们在瞬息万变的市场经济中拥有更强的抗风险能力,也使他们在对外谈判中掌握了更加有利的筹码。以前一家一户的生产方式,农户只能是市场价格的接受者,但是合作社组建起来后,农户对市场价格有了较强的影响力;合作社对社员产品的同质化及高标准要求,使得产品在市场中更加具有竞争力。成立越来越多的合作社表明,农业专业化合作社这种生产经营方式,已经成为农户在新农村建设中的首选经营方式。

（资料来源:http://zhangdaohua.blog.hexun.com/7298330_d.html/）

一、农民专业合作组织性质

中国农民专业合作组织是在家庭土地承包制度改革基础上形成的新型合作组织,与过去合作社运动中的互助组、合作化运动中的高级社、人民公社有着本质区别,它充分体现了农民自主的性质,是一种制度创新。除了具有国际合作社的性质之外,还具有中国的特征。

(一)以农业"双层经营体制"为基础

合作制度与土地产权制度具有关联性,我国的农民专业合作组织是在中国共产党领导下,以马克思主义农民合作理论为指导,以实现共同富裕为目的,从中国社会主义改革、建设的实际出发,建立在农村土地家庭承包改革基础上的农民自主合作。土地产权集体所有,土地使用权家庭承包是农民合作的基础和前提,土地制度的发展对农民专业合作组织的形成、发展具有基础性的影响作用。一方面人多地少、土地平均分配细碎化、富余劳动力不能转移,农业规模经营就难以形成,农民合作的动机就大大降低;另一方面人多地少、人均土地资源有限、农业生产收入微薄,富余劳动力便转向非农生产,随之就是农村的人才、资金的外流,农业生产的不景气。如果没有国家的干预,农民专业合作组织的发展就会更加艰难。

(二)加入退出的群众呈多元性、广泛性

各级、各类组织人员参与,合作组织具有群众性。中国农民专业合作组织的群众性不仅表现在群众自愿加入退出,也表现在加入退出的群众呈多元性、广泛性。组织成员以农民为主体,政府机关、企事业单位以及其他各种关注合作事业的人也可以参加。这增加了农民专业合作组织形成的可能性,也增添了农民专业合作组织管理的复杂性,如果发展不利,还可能危及农民专业合作组织独立自主开展经营活动的自主性。这就更需要不断把握合作组织的发展趋向,探索新的发展措施,同时更要加强国家法律法规和政策的规范。

(三)组织的发展呈现非均衡性

首先,农民专业合作组织发展的阶段差异性大。有的组织处于创建初期,有的组织处于扩张期,触及了一般合作社发展各个时期出现的问题,过于强调农民专业合作组织发展某一阶段性特点,盲目照搬国内外合作社的标准都未必恰当。更需要人们克服个别经验的局限,突破复杂局面下的模糊与纷乱,对合作社理论与实践进行大胆创新。其次,农民专业合作组织发展的区域差异性大。从数量和质量分布上看,东中西部呈现梯级差异:从各省看,山东、浙江、江苏、广东、海南、四川等地发展迅速;从制度绩效看,形成了"温州模式""莱阳模式""邯郸模式"等特色发展路径。各地经济发展状况、自然资源条件、文化思想观念和制度政策供给不同,是形成农民专业合作组织发展差异性的原因所在。进步地区的发展为其他地区提供了示范,但也易使人们忽略经验背景条件,形成模仿不当与创新不足,甚至形成跟进、攀比发展。如果各地不能保持清醒的头脑,努力寻求适合于本地发展的思路,就会导致经验束缚,影响因地制宜和自主决策。这势必造成扭曲性的发展。再次,农民专业合作组织在发展中也呈现出组织形式多样、运行机制多样、发展模式多样等特点,能否再一次解放思想、规范多元化发展,这对习惯于一元化思维的中国人又提出了新的挑战。

(四)形成背景与农产品行业特征密切相关

因为农产品具有鲜活性、易损坏性、不易储藏性等特点,要求收获的产品能联合处理、运输或销售,以减少相关费用,农民专业合作组织的出现可以担负这一责任以降低处理成本;同时,相同的农产品在农药、化肥的需求品种方面呈现同质性,容易形成集体采购,通过组织批量采购效应来降低生产费用成本;相同的农产品,需要的产中、产后农业技术也趋同,在引进专业技术、培训和传播方面也便于组织。正是以专业为背景形成的农民合作组织可以较好地达到参与产业化经营的农民和公司共同希望解决的同品质的生产、销售、加工运输问题,所以农民专业合作组织理所当然地成为推动农业产业化经营、带动农户增收的主体。

(五)农民专业合作组织发展具有阶段性

农民专业合作组织作为一种新的组织制度,具有制度安排的过渡性质,主要有两个方面:它是衔接两种不同制度安排的中介形态;它的规则中有一种性质,使得它的运行和发展会在较短的时间内导致对它自身的否定。如果说家庭承包经营制度解决了农业劳动中的监督和计量问题,有效地节约了内部组织管理成本,也解决了农业中的生产问题,但是单家独户的小农却无法解决市场问题。随着市场竞争的日益激烈、交易规模(活动)的增加,农民联合的倾向越来越强烈,尤其是商品经济发达地区的农民更是通过不同的形式进行了联合,通过合作提高个体进入市场、适应市场的能力。这一背景决定了农民专业合作组织的阶段性特点,在不同的时期,具备不同的条件,可能形成不同的组织形式,比如在合作意向出现时,农民可能只是在共同采购或共同运输等很小的领域进行局部的、间歇性的松散合作,没有完全形成正式的组织安排;随着合作意愿的增强,松散型合作已经不能满足农民对组织制度的渴求,正式的制度安排才可能出现;在农民经济实力增强后,富余资金的投资也成为引导组织制度变迁的动因,合作组织可能向股份制合作制度方向变迁。根据农民经济状况的不同,以及合作的意愿程度、环境变化速度、政府导向等多因素影响,农民合作经济组织呈现明显的阶段性特点。

二、农民专业合作组织的意义

(一)对农业生产的意义

以合作提高生产效率,是社会主义社会生产方式的根本要求。农民专业合作组织顺应了社会经济发展的需要,在农业生产中发挥了积极的作用。

1. 降低生产、交易费用

通过专业合作组织,农民可以联合购买使用大型的生产资料,降低生产成本;可以统一批量采购农用生产资料,获得较低的市场价格;可以联合引进、使用先进技术,降低农户提高技术水平的成本;农民通过专业合作组织来销售农产品、购买生产资料,就可以使多个成员到市场进行多次交易变为一次;农民还可以通过专业合作组织获得信息共享,减少信息搜索与发布的费用。交易费用与交易次数呈正向关系,成员的数量越多,交易的市场越复杂,反过来农民专业合作组织节约交易费用的成效就越明显。

2. 提高市场竞争能力

在市场经济中,竞争能力的强弱与组织化程度呈正相关。农民专业合作组织作为一个整体参与市场交易,使农民提升了市场谈判地位,提高了市场竞争能力。

3. 提升产品品质

合作可以促使农民统一技术标准,创造产品品牌,实现规模效益。通过专业合作组织就可以把生产同类产品的农户联合起来,统一技术标准,提升产品品质,创造出自己的农产品品牌,提高农产品的附加值。

4. 利益共享,风险共担

农民专业合作组织以惠顾额为主,分享收益,保护成员利益,同时合作信贷将农民自己的收入集中起来为大家共享。信贷合作组织吸收组织成员的存款,并按资金投入发放贷款,调剂盈余,为保障和发展生产奠定了资本基础。合作组织在帮助农民抵御市场风险和自然风险方面都起到了积极的作用。在风险面前,农民专业合作组织的承受力必然比一家一户强,风险共担使农民的利益更有保障;而一荣俱荣、一损俱损又使农民专业合作组织成员在风险面前更具向心力和凝聚力。

5. 增加农民收入

凡是农民专业合作组织发展起来的地方,基本上都出现了"建一个组织、兴一个产业、活一方经济、富一批群众"的可喜局面,有效提升了农业产业发展水平,挖掘了农业内部增收潜力,增强了农户和农业的市场竞争能力。

(二)对农村社会的意义

农民专业合作组织是具有一定社会功能的特殊组织形式,它特殊的性质显示出较强的外部社会经济溢出功能。

1. 农民专业合作组织对培育新型农民的作用

合作组织是一所学校,是教育农民、提高农民素质、培育新型农民的摇篮。通过参与合作组织的建设和管理,农民突破了自我封闭的生产经营,扩大了社会关系网络、拓宽了视野,组织成员在掌握技术、分工协作、组织管理、市场营销、对外交往以及民主决策等方面得到了实践,提高了合作意识、科技意识、民主意识、市场意识,使他们的自我组织、自我服务、自我管理的能力得到进一步的提高。通过参与专业合作组织,农民可以依靠组织力量,以组织的名义参与社会活动,维护并提高自己的社会地位。

2.农民专业合作组织对政府管理的促进作用

农民专业合作组织是为自己提供产前、产中、产后服务,这就省略了政府直接管理生产和销售环节,使政府从微观管理中解脱出来,更好地去抓宏观调控,做好政策的制定和为农民提供优质服务,从而促进政府职能的转变。基于同业建立起来的农民专业合作组织对自身行业的发展比较熟悉,它可以帮助政府制定有关的产业政策,并协助落实。政府对农业的宏观调控必然源于对农业问题的微观把握,政府政策也必然要落实到一家一户,而这些依靠传统的行政渠道,成本高而且效率低。农民专业合作组织的发展,为反映基层情况、落实国家政策提供了一个新的渠道。同时,作为政府管理的对象,农民专业合作组织也是监督政府的一支力量,如果政府工作出现偏失,它必然能比分散农户更为有效地实施监察纠偏,督促政府发挥其应有的公共服务职能。

3.农民专业合作组织对其他组织的相互促进作用

农民专业合作组织是兼顾效率与公平的组织,与不同市场主体间起着相互促进、相互制衡的作用。农民专业合作组织作为市场主体的一种,与单个农户相比,实力更强,更值得信任。社会其他组织诸如各类涉农企事业单位更愿意与其建立长期、稳定的契约关系,避免了与分散农户进行交易时可能面对的违约风险,对维护社会经济秩序具有重要意义。农民专业合作组织也担负着农村社会发展的部分公益职责,可在许多方面与农村其他组织建立密切的协作关系,合力开展农业基础设施建设以及教育、卫生、文化事业。

4.农民专业合作组织在社会综合发展中的作用

农业是综合性很强的产业,农业组织发展的影响和作用也是多方面的。农民专业合作组织立足社区、服务社区,为社区的繁荣注入了活力;农民专业合作组织需要科技支撑,加速了农业科技成果的引进和推广;农民专业合作组织延伸发展生产,开办工厂、商店以及其他企业,开辟了新的就业途径,吸收了大量的城乡劳动力;农民专业合作组织带动了农业生产的专业化、商品化、现代化,有助于缩小城乡差别、减缓社会的两极分化,发挥了社会可持续发展平衡器的作用。

5.对农村治理的意义

农民专业合作组织主要是一种经济组织,但在政治方面却发挥着越来越重要的作用。不同国家农民专业合作组织在政治方面扮演的角色和作用有着很大的差别。资本主义国家的农民专业合作组织在政治方面起的作用更加广泛。在意大利和日本,农民专业合作组织是党派政治斗争中一支不可忽视的力量。在美国,农民专业合作组织是代表中小生产者利益与代表大资本家利益的政府、公司以及其他集团对话的力量。在我国,国家政治制度代表最广大的人民的利益,农民专业合作组织的政治作用主要表现为维护、发展和监督国家政治。

(1)农民专业合作组织代表政府职能的作用。农民专业合作组织的主要职能是代表组织成员利益,向政府部门反映组织成员的意见和要求,但往往同基层政权机构相结合行使其派出机构的职能,在实现政府一系列社会经济政策目标方面起着重要的作用。

(2)农民专业合作组织对于完善和创新农民经营体制、巩固党在农村的基本政策起重要作用。以家庭承包经营为基础、统分结合的双层经营体制是我国农村的基本经营制度,坚持这一基本经营体制,是党在农村的一项基本政策。长期坚持党在农村的基本政策,就决定了小规模农户将长期存在,就决定了小农户与大生产、小规模与大市场之间的矛盾是农业发展长期存在的基本矛盾。农民专业合作组织能够在一定程度上帮助农民克服一家一户小规模生产办不了、办不好的事,在一定程度上化解了农村经营体制改革的基本矛盾,而这一点正是解决我国农业发展体制性矛盾的关键所在。这对巩固我国农村统分结合的双层经营制度,长期坚持党在农村的基本政策具有重要意义。

(3)农民专业合作组织建设促进了基层民主的发展。发展基层自治组织与基层民主管理制度是我国发展民主政治的目标,农民专业合作组织作为自治组织的民主管理与我国民主政治建设产生了异曲同工、互相促进的效果。按照民主管理的合作社原则,农民专业合作组织建立健全民主管理、民主监督制度,使民主公开化,理财制度化,民主决策、民主监督规范化,制度实施程序化,保障了农民群众的知情权、参与权、管理权、监督权。在农民专业合作组织民主管理的过程中,农村政治文明、精神文明得到充分体现。

三、农民专业合作组织的组织模式分类

农民专业合作组织及其成员与市场之间都是以物流和信息流这两种方式相互联系、相互作用的。物流主要是指因物质流动而发生的交换关系,其表现形式主要是生产资料的购进和农产品的销售；信息流是指伴随物质交换而发生的各种市场信息的传递。根据合作组织及其成员与市场之间的物流和信息流运动方式的不同，可以将农民专业合作组织划分为三种基本模式。

(一)初级模式

初级模式的农民专业合作组织是会员建立在共同技术、信息服务基础之上的协会组织，是一种松散的合作组织或联合体，一般不具备经济实体，通常称之为农民专业协会，如各种农民专业技术协会、技术研究会等。初级模式的农民专业合作组织，一般情况下，组织与成员之间不存在物质交换关系，只有信息交流，如合作组织聘请专家、技术能手为成员讲课等；同时，合作组织与外界也发生信息交流，如合作组织利用组织获得的市场信息引导成员安排生产、购买生产资料和销售产品，但成员购买生产资料和销售产品都是通过市场独立进行的。

(二)中级模式

中级模式的农民专业合作组织是在初级模式基础上发展而来的，它主要是在初级模式基础上增加了生产资料的供应合作。中级模式的农民专业合作组织在组织与会员之间，除了保留原有的信息交流关系外，增加了物质交换关系，即成员通过合作组织在市场上统一购买生产资料。在这种模式下，合作组织与其成员各自都有应对市场的一面，即合作组织要从市场上购买生产资料，成员要通过市场来销售自己生产的产品。

(三)高级模式

高级模式的农民专业合作组织是一种一体化的服务组织，它围绕着农民的专业生产提供产前、产中、产后一系列服务，是随着农村专业化生产规模的不断扩大、农民专业合作组织自身实力的不断增强而发展起来的，通常称为农民专业生产合作社。

高级模式的农民专业合作组织除向成员提供技术、信息服务和统一购买生产资料外，最主要的是实现了农产品销售合作，并兴办了农产品加工、运输和仓储等实体。在这种模式下，合作组织与成员之间实现了信息和物质的双重交流关系，即成员在生产过程中无论是生产资料的购进还是生产产品的销售都是通过合作组织进行的，成员对专业合作组织的依赖程度明显加深。

四、农民专业合作组织的建立

(一) 组建农民专业合作组织的条件

1. 农民自主经营和自有生产性资产存在是前提条件

农民专业合作组织是个体劳动者联合自主活动。农民有了经营自主权，又有了自有生产性资产，从组织和制度创新的角度看，农民自有资产的增加，就会产生发展合作经济的要求，这是发展合作组织的基础条件。

2. 市场经济的建立与发展是必然条件

(1)市场经济是竞争经济，也是一种风险经济。农民如果仍以一个独立的商品生产者和经营者角色出现在市场中，处境将十分不利。

(2)市场经济是法制经济。个体农民的分散、自由与利益取向，以及他们对市场规范缺乏认识，对市场行为缺乏深入体验，都有碍于市场规则的确立和实施。农民专业合作组织最基本的原则就是"扶助弱势、一人一票、利润返还"。因此，全面实行社会主义市场经济是农民专业合作组织产生和发展的前提条件。

3. 政府的引导和大力支持是推动条件

政府管理经济由全面管理转变为重点宏观管理，政府和农民之间就需要有一个桥梁。政府及各部门管理职能的转变，同样需要一个输出载体，这个载体就是农民专业合作组织。近年来国家大力支持农民专业合作组织发展，一是从法律上支持，全国人大的《农民合作经济组织法》即将出台；二是项目资金支持，财政部、农业部都给予了项目支持；三是优惠政策，农业部颁发了扶持政策；四是27个省、直辖市、自治区制定了促进农民专业合作组织发展的政策意见，在税费减免、绿色通道、农资供应、用水、用电、用地、注册登记等政策方面给予了大力支持。

4. 实施农业产业化是发展农民专业合作组织基础条件

实施产业化经营的模式较多，有"公司＋农户""农户＋基地""农户＋专业市场"等。经过比较分析，实践证明比较适应目前各方经济利益的还是"公司＋合作组织＋农户"的模式。

5. 全面建设新农村是环境条件

新农村需要与之相适应的新组织,今后"三农"的重点是全面推动和实施新农村建设,以形成大的气候和环境,包括农村建立农民专业合作组织的各种制度创新是全面建设新农村的重要内容。

6. 有一批能干的农民专业合作组织带头人是关键条件

有一批活跃在农村的重要专业大户和农民经纪人很重要。这些人,有的有精湛的技术,有的懂经营、会管理,是农民推崇的"土专家"、能人,他们都有一个共同特点,热心公益事业,热爱合作事业,热心为农民服务,在农民中有一定威望,在实践中探索着合作之路,成为合作组织的带头人。这是发展合作组织的关键条件。

7. 有比较成功的农民专业合作组织典型

从 2003 年起,农业部每年树立 100 多个示范农民专业合作组织,各省市也树立了一批示范农民专业合作组织,各级农业部门已有一套较规范的操作程序和运作流程。

上述充分反映了目前新农村建设、发展与完善农民专业合作组织遇到了最好时机与机遇。

(二)创办农民专业合作组织的基本要求

1. 创办基本原则

不论创办何种类型、何种模式的农民专业合作组织,都必须遵循以下基本原则:(1)不改变成员的财产所有权关系。(2)入社自愿、退社自由。(3)有利于促进专业性和区域性生产。(4)必须坚持民办、民管、民受益原则。(5)可以突破社区界限,在更大范围内实行专业合作。

2. 创建具体要求

创建农民专业合作组织具体要求如下:(1)具有一定的产业基础。(2)有一定数量从事同类或者相关农产品的生产经营者。(3)农民自愿合作、联合。(4)有生产经营服务场所和必要的生产经营服务条件。(5)有一定的注册资金或活动资金。

五、建设农民专业合作组织的指导思想

以科学发展观和城乡统筹协调发展理论为指针,以稳定农村基本经营制度为前提,以给农民提供系列化服务为出发点,以建设新农村增加农民收入为目标,通过积极稳步发展农民专业合作组织,促进农业和农村经济结构战略性调整,推进农业产业化经营,推动农村经济持续快速健康发展。

(一)建设农民专业合作组织的原则

1. 原则

(1)坚持农村基本经营制度。

(2)坚持农民专业合作组织基本性质,合作组织是以农户为主体的具有专业性、技术性、经济性的合作组织,它区别于一般的社会团体,以社员服务为宗旨,属于企业组织,但又有别于对内对外以盈利为目的的一般企业组织。

(3)坚持因地制宜,多种形式并举。紧紧依靠农民,农民专业合作组织牵头人可以是农村专业生产、经营大户、有技术专长的农民技术员或专业技术干部,也可以是龙头企业,还可以是农业技术推广部门、社区性合作组织、农副产品加工企业和流通企业等牵头兴办,做到谁有能力谁牵头。不管谁牵头,都要坚持做到以农户为主体。

(4)坚持开放性与多元性。农民专业合作组织可以跨村、跨乡镇、跨县,不受地域社区限制;合作的要素重点是产前、产后服务项目,产中主要是搞好技术培训。可以是产品合作,也可以是技术、信息、资源合作,还可以在会(社)员内部搞资金合作。

(5)坚持围绕主导产品和支柱产业发展。逐步成长为当地经济增长点和农民收入的重要来源。

(6)坚持与推进产业化相结合。坚持"民办、民管、民受益"原则,构建良好的运行机制。坚持民办是前提。以农民为主体,农民成员应占成员总数的90%以上;坚持民管是基础。实行民主决策、民主管理和民主监督,在内部建立健全自我管理运行机制,社员大会或社员代表大会是农民专业合作组织的最高权力机构,由社员大会或社员代表大会选出理事会和监事会,为农民专业合作组织的执行机构和监督机构;坚持农民受益是核心。农民参加专业合作组织一定要得到实惠,这是农民专业合作组织的生命力所在。

内部服务上:一是坚持"服务系列化、经营实体化"的原则。为成员提供多功能、全方位服务的同时,增强为民服务的实力。二是自主经营、自负盈亏、对内服务与对外利润最大化的原则。三是坚持发展中规范,规范促进发展的原则。发展合作组织必须根据本乡镇、本村条件和农民迫切需要,选择适当的组织形式。从农村看(城郊、镇边除外),农户规模小,产品量不大,农民的市场意识差,大多面临"买难""卖难"等问题。因此,首先考虑为农民解决"卖难"问题,重点发展专业协会、专业合作社和行业协会。当农民专业合作组织发展到一定规模后,需进一步解决的问题就是农民专业合作组织间的合作和联合。

2. 标准

坚持因地制宜、结合实际的组建原则,组建中不能拘泥于一个标准。

(1)推选发起人,社长由成员民主选举确定。

(2)制订《章程》。从上至下,再从下至上,反复讨论,取得多数成员的赞同,共同按《章程》行事。

(3)以个人社员为主体,可以有团体社员,与单个社员享有同样的权利。入社自愿,退社自由,互相合作,一人一票。农民专业合作组织的社员不受地域限制。农民专业合作组织的财产归社员共有而不是归社区组织集体公有。农民专业合作组织允许从事本专业的非农民参加。一般应控制数量。

(4)遵循退社应按一定程序原则。农民专业合作组织一方面允许社员退社,这是社员的权利;另一方面退社应履行必要的手续,处理好债权债务问题。

(5)交会费、股金问题。农民专业合作组织有的要求交会费,有的要求认购股金,有的既要交会费又要求认购股金,有的不要求交纳任何费用。

(6)坚持惠顾原则。这是国际合作社通行的原则,按社员提供的交易量返还农民专业合作组织的盈余。

(7)登记注册问题。按国际惯例,需要以一种介于公益性团体和企业之间的中间法人,即合作社法人进行登记。

(8)村社集体经济组织、乡镇政府大力扶持原则。村社集体经济组织要在土地、基础设施等方面给予支持;乡镇政府要在政策上给予大力扶持和帮助。政府的职责是扶持、引导、服务、规范,要严格禁止把农民专业合作组织作为乡镇政府的实体,严禁平调、挪用农民专业合作组织的资产,上级支持农民专业合作组织的资金,乡镇政府、村委会不得克扣、挪用。

(二)农民专业合作组织的组织形式

合作社的具体组织形式很多,要根据当地的情况和产品的要求选择合适的组织形式。

1. 龙头企业带动型

在农业产业化组织中,以农业企业、加工企业、商业企业、农工商综合企业为"龙头",通过购销产业链,带动众多农户,发展农民专业合作组织。

2. 农业专业技术协会+农户型

以专业技术协会为主体,组织农户进行专业生产协作,为农户提供各种有偿服务,这类组织主要采取同业连接的形式,通过成立专业协会等农民专业合作组织,把分散的农户、企业联合起来形成行业合力,扩大行业规模,增强规避市场风险的能力,避免内部竞争。

3. 专业批发市场+农户型

以全方位的网络枢纽出现的专业批发市场,引导所在地区以及辐射地区的农户,按照市场供求信息,组织农户生产适销对路的农产品及其加工品,这类组织减少了农户生产经营的盲目性。

4. 产权带动型

以产权为纽带,吸收广大农民和涉农服务单位以土地、资金、高新技术等生产要素入股建立股份合作组织,实行公司、农户和服务单位相结合,形成互惠互利、相互联动的利益共同体。

5. 股份制或股份合作制型

在组建时就设置总股本,再按照社员人数或出资数额分配股份,按照股份制企业的规则进行管理。

按登记机关,可将农民专业合作组织分为企业法人型(合作社型)、社团法人型(协会型);按企业法人类型,可将农民专业合作组织分为合伙企业、股份制合作企业、专业合作社有限公司、集体所有制企业。

一般选择市场竞争激烈、价格弹性大、惠顾人数多的产品作为组建合作社的生产经营内容。比如,大田作物一般不太适合作为合作社的产品来经营,比较适合的有蔬菜、水果、生猪、山羊、家禽、烟叶、蚕桑、苎麻、茶叶、中药材等产品的生产及加工,农机具服务、流通等。

六、组建农民专业合作组织的程序

(一)具体流程

1.明确发起人

发起人就是发起并创办农民专业合作组织的创始人。在农民专业合作组织的筹备阶段,主要工作由发起人来做。农民专业合作组织的发起人可以是自然人,也可以是企业法人、社团法人。发起人最低不得少于5人,并组成筹备小组。作为发起人应具备以下条件:

(1)坚持党的路线、方针、政策,政治素质高,组织能力强。

(2)在本地区、本行业内有较大影响力,一般为专业大户。

(3)具有完全民事行为能力。

2.进行可行性分析论证

可行性分析论证是组建农民专业合作组织的基础性工作。发起人要对本地区、本行业农民群众专业合作的需求状况、专业生产的现状、市场前景、竞争对手等进行认真调查研究,确定所要组建专业合作组织的活动和经营范围。

3.起草农民专业合作组织章程

农民专业合作组织章程,是为规范农民专业合作经济组织内部关系,统一开展生产经营活动的原则和办事程序而制定的章程。章程的制定是一项非常重要的工作,要由发起人根据所在省农民专业合作组织示范章程,结合本组织实际起草。

章程内容包括:名称、住所、发起人姓名、经营范围,股金设置,社员的权利和义务,组织机构,财务管理和盈余分配,变更、终止和清算等。

需要注意的是,尽管有示范章程为样本,但是不能照搬照抄,应借鉴示范章程的主要内容,结合本合作组织的实际情况制定自己的章程。在实际工作中不少合作社、协会的章程、制度完全照抄样本,结果是全市的章程、制度都一样,就连错别字都一样。示范章程示范的是结构和具有普遍性的内容,具体到每个合作组织应该有自己的特殊性。如,省示范章程中第四十五条规定:扣除当年生产成本、经营支出和管理服务费用等,年终盈余按下列项目顺序分配和使用：(1)公积金，按盈余的一定比例提取，用于扩大服务能力、奖励及亏损弥补。(2)公益金，按盈余一定比例提取，用于文化、福利事业。(3)风险金，按盈余一定比例提取，用于本组织的生产经营风险。(4)盈余返还，提取公积金、公益金和风险金后，按交易额和股金额进行统筹分配。

上述分配项目、提取比例和分配数额，由理事会提出方案，经社员(代表)大会讨论决定后实施。

这里涉及年终盈余要进行四个方面的分配，其分配比例也笼统地规定为"一定比例"。但是具体到每个农民专业合作组织各项的比例是多少，就必须通过社员大会或代表大会，在章程草案的基础上民主讨论决定。

4. 吸收成员

凡从事与本组织同类或相关产品，有一定的生产规模或经营、服务能力，具有完全民事行为能力的农民、组织或相关事业的个人，承认并遵守本专业合作组织章程，自愿提出入组织申请，认购股金，经筹备小组讨论通过，就可以成为本组织的成员。合作组织中享有土地承包经营权的农民必须占80%以上，法人成员不得超过总人数的5%，生产性合作组织中从事生产的社员占社员总数的一半以上。吸收的社员要造册登记。合作组织正式成立后要向社员发放社员证。

5. 注册登记，取得法人资格

发起人持合作组织章程到县级以上农经部门进行审核，审核确认后由工商行政管理部门依法给予工商登记，冠以"行政区划＋字号＋产业类别＋合作组织"组成的名称，取得法人营业执照，然后到农经部门备案。

6. 召开成立大会

发起人筹备小组召集各成员召开农民专业合作组织成立大会。成立大会也是第一次成员大会。成立大会主要议程有五项：

(1)听取筹备小组报告本专业合作组织筹备工作情况。

(2)选举理事会和监事会成员并选举产生理事会理事长、副理事长、秘书长及监事会主席等。

(3)讨论和通过本专业合作组织的章程。

(4)讨论和通过本专业合作组织内部各项管理制度和运行机制。

(5)讨论和通过本专业合作组织年度工作计划和其他有关事项等。

(二)农村专业协会的组建程序

组建农村专业协会的步骤与专业合作组织的组建程序大致一致,大体需要六步:

第一步,发起人发起。

第二步,申请筹备。向区县民政部门申请筹备,由区县民政部门指导筹建。

第三步,制订组织章程。制订章程要按照民政部门的示范章程进行,但要突出农民专业合作组织的特性,突出农民自我组织、自我管理、自我发展的特点。

第四步,吸收会员。

第五步,召开成立大会。经业务主管单位审查同意,在管理部门的监督下召开会员(或会员代表)大会后,讨论通过协会章程,民主选举协会理事会、监事会。

第六步,注册登记。

登记的条件是:区县、乡(镇街)、村区域内的农村专业协会要有规范的名称,固定的(或共用的)场所,10个以上的会员,相应的组织机构,与其业务活动相适应的专(兼)职工作人员,不低于2000元的注册资金,能独立承担民事责任。

(三)农民专业合作组织的登记

1. 农村专业经济协会登记范围

县(市、区)、乡(镇)、村三级区域内,在农业、林业、牧业、渔业、水利、科技等领域服务于种植、养殖、生产、加工、销售等方面的各类农村专业协会。

2. 农村专业协会业务主管单位和登记管理机关

县(市、区)区域内农村专业协会的业务主管单位为相应的县级人民政府有关部门;乡(镇)、村区域内农村专业协会的业务主管单位为相应的县级人民政府有关部门或县级人民政府委托的乡(镇)人民政府。以上农村专业协会的登记管理机关均为县级民政部门。

3. 农村专业协会登记条件

县(市、区)、乡(镇)、村区域内农村专业协会注册资金应不低于2000元,有规范的名称、固定的场所、10个以上的会员、相应的组织机构、与其业务活动相适应的专职或兼职人员,并能独立承担民事责任。

4. 农村专业协会登记程序

对农村专业协会的登记可以适当简化程序。具备成立条件,并经业务主管单位审查同意,可直接向登记管理机关申请注册登记。对乡(镇)、村区域内的协会可免于公告。

5. 设立农民专业合作组织向登记机关提交材料

设立农民专业合作组织向登记机关提交的材料应包括以下九种:

(1)法定代表人签署的设立登记申请书。

(2)全体成员共同出具的委托代理人的证明。

(3)符合规范的章程。

(4)依法设立的验资机构出具的验资证明。

(5)组织成员的身份证明。

(6)组织的法定代表人、理事、监事、高级管理人员的任职文件和身份证明。

(7)企业名称预先核准通知书。

(8)住所证明。

(9)法律法规及其他规范性文件规定,应当提交的其他文件。

▶ 基础训练

素质题:详述代表性合作社的机制。

技能题:撰写合作社组织流程及章程。

知识题:简答合作社模式分类。

合作社内部管理模式

> ▶ **素质目标**

　　了解当地合作社的内部规章。

> ▶ **技能目标**

　　1. 合作社管理模式。
　　2. 描绘合作社管理层架构图。

> ▶ **知识目标**

　　1. 了解合作社模式管理制度。
　　2. 熟悉合作社内部运行机制。

> ▶ **阅读材料**

聊城市供销合作社内部机构设置、分工及职责

　　机构是两个或两个以上构件通过活动连接形成的构件系统。供销合作社的内部机构设置是各职能部门通过履行职责连接形成的组合系统。组合系统能否适应改革发展的要求高效运转,取得工作实效,与职能部门的设置是否科学合理直接相关。

　　聊城市供销合作社内部机构设置为办公室、人事教育处、基层管理处、经济发展处、工会。各部门分工和职责如下。

　　一、办公室职责及工作分工

　　办公室内含财务科、饮食科、基建科、审计科、老干部科、安保科。工作职责如下。

1.负责重要会议的组织和会议决定事项的落实。

2.组织有关调查研究和起草重要文件。

3.组织指导全市供销合作社理论研究,为市社重大决策的制订,提供理论和实践上的参考依据和建议。

4.协调内部各部门之间的工作关系,制订机关工作制度,保证机关工作正常运转。

5.负责文秘、公文管理、机要、保密、信访、政务信息和机关行政事务工作。

6.组织实施国家有关财务、会计和税务、信贷的法规、制度,指导系统的财务、会计工作。

7.负责或指导参、控股企业的会计制度、会计核算及会计基础工作。

8.管理机关行政经费,管理机关社有资产,监督直属单位资金的运转、使用。

9.组织申报项目,向上级争取项目扶持资金。

10.负责系统与直属单位的财务会计信息的管理及财会人员的培训工作。

11.负责机关及家属区的水、电、暖修缮等物业管理工作。

12.贯彻落实国家有关审计工作的法律法规,指导系统审计工作,协助基层管理处监督社有资产保值增值,负责内审和审计队伍建设工作。

13.负责机关离退休干部政治、生活待遇的落实及服务工作,指导直属单位的离退休干部服务工作。

14.负责系统的安全、救灾、防汛等应急工作,以及机关、直属单位社会治安、综合治理工作。

15.制订落实机关安全保卫的具体措施,负责机关车辆安全管理。

16.负责系统的安全统保统筹、互助基金统筹及事故灾害的勘察、补偿工作。

17.承办党委、理事会交办的其他事项。

二、人事教育处分工及职责

人事教育处内含政工科、教育科、机关支部、纪检联络室、档案室、计生妇女工作。

处长负责主持人事教育处的全面工作。副科长负责协助工作。科员负责具体协助。

（一）教育宣传工作

1.协助党委组织好党委中心组的理论学习、党员的学习。

2.负责组织和指导机关及社属单位政治理论学习及上级组织的时事政治教育学习活动。

3.负责机关及社属单位的稳定工作。

4.负责机关及社属单位人员的政治思想工作。

5.负责机关及系统业务培训、中职教育、技能鉴定发证、党员教育和入党积极分子培训工作，系统的精神文明建设和普法宣传教育工作。

6.负责党报、党刊征订、发放，负责利用广播、电视、报刊进行对外宣传工作。

7.负责聊城供销报社的编辑、出版、发行工作。

（二）组织人事工作

1.负责机关及社属单位人员调配、班子调整、任（聘）免职、职称评定工作。

2.负责机关人员的工资调整，离退休人员待遇的落实，指导社属单位在职及离退休人员的调资工作。

3.负责上报各种报表，及时提供有关信息。

4.负责机关和指导社属单位的考评考核工作。

5.负责人才引进推荐工作。

（三）党的建设工作

1.负责机关及社属单位党组织建设和各支部换届选举、调整工作。

2.负责机关和指导社属单位的党务工作，维护党员的权利，履行党员的义务。

3.负责党费的收缴、管理及党员手续接转和年报工作。

4.负责组织党员参加的各种活动。

（四）纪检监察工作

1.负责本单位与上级纪委的联络工作。

2.认真落实党风廉政建设责任制，负责机关及社属单位反腐倡廉建设工作。

3.负责党员干部的警示教育、廉政勤政教育学习和领导干部个人情况申报工作。

4.负责各项制度的落实，协助抓好机关及社属单位的作风建设。

5.协助上级纪检监察部门开展有关问题和案件的调查工作。

（五）档案管理工作

1.负责机关档案的收集、整理、立卷和归档工作,指导社属单位的档案管理工作。

2.档案保存要做到箱柜排列整齐,存放有序、标志明显、查找方便。

3.加强档案库房管理,达到防盗、防光、防火、防高温、防潮、防尘、防鼠、防电等规定要求。

4.负责档案的鉴定、销毁、统计工作,严格执行保密制度。

5.严格档案的借存、交接手续,加强监督,依法管理,积极做好提供利用服务工作。

（六）妇女、计生工作

1.建立、健全妇女计划生育组织领导,定期召开有关人员会议。

2.负责妇女的维权、计生宣传教育工作。

3.负责流动人口、育龄妇女的节育措施和健康体检、建档管理工作,杜绝计划外生育情况的发生。

4.负责妇女、计划生育的奖励等方面的待遇落实工作。

5.负责指导社属单位的妇女和计生工作。

三、基层管理处分工及职责

基层管理处内含合作指导科、基层科、工业科、农合会、棉花协会。

1.宣传党和政府有关农村经济工作的方针、政策,指导全市供销合作社的精神文明建设、思想政治工作;指导全市系统合作社文化建设,宣传普及合作社知识。

2.指导全市基层供销社的体制改革、组织建设"一个网络、两个平台"及农产品综合经营服务体系建设工作,指导全市系统规范发展农民专业合作社、农产品行业协会和金融合作、保险业务。

3.负责指导全市系统农产品购销、农产品交易市场建设、农产品超市、农产品基地建设、成品油经营、再生资源回收与加工利用。

4.负责市农村合作经济组织联合会、市棉花协会、市再生资源协会的组织、筹建和日常管理工作,负责农村合作经济组织带头人及农民协会的技术、技能培训工作。

5.负责市社及直属企事业单位的清产核资,资产运营、综合开发利用,盘活社有资产,促进社有资产的保值增值,防止市社有资产流失。

6.负责指导全市系统工业企业的改革、改制和发展,承担国家科研和农业成果转化项目。

7.负责全市系统开展农村信息化网络建设工作。

8.负责全市系统年度及日常综合考核、评比及表彰工作。

四、经济发展处分工及职责

经济发展处内含业务科、统计科、农资协会。

1.组织指导督促市供销社系统围绕重点商品和行业参与农业产业化经营,负责种子、农机具、庄稼医院、家电、图书、药品经营管理工作。

2.组织指导督促市供销社系统日用品、农资网络建设,负责农资、日用品配送中心和超市建设。

3.负责烟花爆竹经营管理,组建市社烟花爆竹公司,实现全市统一订货、分散经营管理。

4.组织指导督促市供销社系统农村社区服务中心建设工作。

5.负责组织指导系统、直属单位及参、控股企业的统计工作,汇总上报商流和工业统计报表。

五、工会分工及职责

1.负责组织市直工会干部及职工认真学习贯彻《工会法》和《中国工会章程》及有关路线、方针、政策,依法维护职工合法权益。

2.负责市直企业单位的工会组织建设。

3.负责调查了解市直单位职工生活状况,建立困难职工档案,做好市直单位困难职工的帮扶救助工作,积极争取政策资金扶持,广泛开展送温暖活动、金秋助学活动,帮助困难职工解决困难。

4.协助党委抓好市直单位稳定工作。

5.完成党委和上级工会组织交办的其他工作任务。

(资料来源:http://www.lccoop.com/information/ShowArticle.asp? ArticleID=5)

一、农民专业合作组织内部机构设置

农民专业合作组织主要设成员(代表)大会、理事会、监事会。合作组织的最高权力机构是社员(代表)大会,社员(代表)大会由全社社员(代表)组成。社员代表由社员选举产生,代表任期3年至5年,可连选连任。

(一)社员(代表)大会的职权

(1)审议、修改章程;

(2)选举或罢免理事会、监事会(监事)成员;

(3)决定增减注册资金和股金转让;

(4)决定合并、分立、终止、清算;

(5)审议理事会、监事会(监事)工作报告和财务报告;

(6)决定生产经营方针和投资计划;

(7)决定社员认购股金总额、每股金额、单个社员认购股金最高份额和从事生产的社员认购股金的最低份额;

(8)决定重大财产处置;

(9)决定盈余分配和弥补亏损方案;

(10)需要社员(代表)大会审议决定的其他重大事项。

(二)理事会的职权

(1)组织召开社员(代表)大会,执行社员(代表)大会决议;

(2)向社员(代表)大会提交需讨论审议的章程、制度、工作计划等有关事项;

(3)讨论决定内部业务机构的设置及其负责人的任免;

(4)讨论决定入社、退社、除名和继承;

(5)讨论决定对社员与职员的工资、奖励和处分;

(6)根据本社发展需要为社员提供各项服务;

(7)聘用或解雇本社职员;

(8)管理本社的资产和财务;

(9)履行章程和社员(代表)大会授予的其他职责。

(三)理事长的职权

(1)主持合作社的日常工作,负责召开理事会议;

(2)根据社员(代表)大会和理事会的决定,组织实施年度生产经营计划和生产、经营、服务活动;

(3)组织拟订本社内部业务机构和各项制度;

(4)代表本社对外签订合同、协议和契约;

(5)提请聘请或者解聘本社财务人员和其他管理人员；

(6)组织落实本社的各项任务；

(7)履行社员章程和理事会授予的其他职责。

(四)监事会(监事)的职权

(1)监督理事会对社员(代表)大会决议和本社章程的执行情况；

(2)监督检查本社的生产经营业务和财务收支及盈余分配情况；

(3)监督社员履行义务情况；

(4)向社员(代表)大会提出工作报告；

(5)派代表列席理事会议,向理事会提出工作建议；

(6)提议临时召开社员(代表)大会；

(7)履行社员(代表)大会授予的其他职责。

二、农民专业合作组织内部管理制度

农民专业合作组织应建立健全成员管理、民主议事决策、岗位目标考核、会计核算、财务管理、年度决算盈余返还、购销管理以及档案管理等各项规章制度。

1.成员管理制度

农民专业合作组织应制定科学的成员管理办法,明确成员加入的条件和程序、成员应尽的义务和应享受的权利以及成员退出、除名的债权债务的处理等。

2.民主议事决策制度

农民专业合作组织应采用民主议事的决策制度,采取科学的投票制度。

3.目标考核制度

农民专业合作组织应确定适合组织发展步伐的目标,并定期进行考核。

4.成员定期培训制度

农民专业合作组织应定期组织成员进行培训,使成员获取新知识。

5.风险保障制度

农民专业合作组织应确定相应的风险保障措施,一旦发生风险也有应急措施。

6. 社(会)务公开制度

农民专业合作组织应向全体成员公开社务,定期汇报。

7. 财会制度

在上级没有出台专门的财会制度之前,农民专业合作组织应参照《村合作经济组织财务制度(试行)》和《村集体经济组织会计制度》建立规范的财务会计制度,独立建账,并定期公布,成员有权查询本组织的财务状况。同时要建立定期报表制度,按时向当地业务指导部门提交报表。

8. 年度决算盈余返还制度

农民专业合作组织应实行年度决算分配制度。凡成立时间1年以上的,均应按会计年度办理年终决算分配。年度盈余按以下顺序进行分配:(1)弥补以前年度亏损;(2)提取一定的公积金,用于扩大再生产;(3)提取一定的公益金,用于公益事业;(4)提取一定的风险金,建立风险基金;(5)股金分红,分红率一般不宜过高;(6)利润返还一般应占盈余的50%以上。每年具体分配方案由理事会提出意见,经成员(代表)大会讨论通过后实施,并报当地业务指导部门备案。政府扶持资金、其他组织和个人赠予的资产不得用于分配。

9. 股金筹集制度

农民专业合作组织应建立股金筹集制度。可以是现金股,也可以是实物股或无形资产股。筹集股金总额和每股金额由成员(代表)大会决定,每股金额宜小,认购面宜宽。

10. 购销管理制度

开展生产资料统一代购服务应坚持内部性、微利性原则。开展农产品销售服务的方式可多样化。农民专业合作组织对成员的产品可以以产地市场价先行收购,统一品牌、统一质量标准、分级包装后,再投放市场;也可以统一收储加工后统一销售;还可以作为成员生产户与购货商的中介组织,统一制订指导价格等。

11. 科技推广制度

农民专业合作组织应逐步制订并实施标准化生产技术规程和产品质量标准,完善安全生产监控体系,加强产品质量管理,积极申报无公害农产品产地以及无公害农产品、绿色食品、有机食品。

12. 档案管理制度

农民专业合作组织应建立完善的档案管理制度。凡事应记录在档,便于日后查阅。

三、农民专业合作组织财务管理

财务管理制度是基于企业生产经营过程中客观存在的财务活动和财务关系而产生的,它是利用价值形式对企业生产经营过程进行的管理,是企业组织财务活动、处理与各方面财务关系的一项综合性管理工作。在财务管理过程中,针对筹资活动、投资活动、资金营运活动、分配活动而制定、遵守的法律、法规、规则、准则、方法等一系列规范约束性条款,统称为财务管理制度。

农民专业合作组织的性质别于其他集体所有制企业,也有别于一般的营利组织,主要体现自我服务的公益性。农民专业合作组织是指在某一产品的生产,某一行业的经营或某一服务领域共同组织成的合作组织,完全按照合作制原则结成的经济利益共同体,以形成共同生产或经营,抵御市场风险,取得规模效益。农民专业合作社的财务管理主要包括五部分。

(一)核算体制

农民专业合作组织遵循自愿、互利、民主、平等的合作原则,实行独立核算,自主经营,自负盈亏,自我服务,自我发展,自我约束的财务管理体制。其最高权力机构为社员(代表)大会,依据组织章程设立理事会、监事会。各类专业合作社应依据原行业财务制度,结合自身的特点,制订本组织的财务制度。定期向行政主管部门报送财务和会计报表,定期向社员公布财务状况。

(二)资金来源

农民专业合作组织的资金来源可以分为以下七种:

(1)社员股金。社员股金是为了取得专业合作社社员身份而缴纳的股金,实行利益共享,风险共担,社员股金按实现的利润进行分红。

(2)提留的风险金和企业发展基金。按现行财务制度的规定提取的一般盈余公积金作为风险金,以及按社员(代表)大会的决议提取一定比例的发展基金。

(3)公益金按现行财务制度提取。

(4)盈余积累按现行财务制度规定提取的任意盈余公积金。

(5)银行贷款。农民专业合作组织可以根据业务需要按照银行贷款的要求向各类商行申请贷款。

(6)供销合作社投入的资金。

(7)其他来源,包括政府有关部门的扶持资金。

(三)盈余分配

农民专业合作组织的盈余分配,是由理事会提出具体分配方案,由社员(代表)大会讨论决定。一般应按以下顺序分配:

(1)按现行财务制度提取一般盈余公积金。

(2)按现行财务制度提取公益金,用于本社职工的福利设施支出。

(3)对社员股金,政府有关部门的扶持资金,供销合作社的投资等按比例分红。

(4)按社员提供的产品,服务交易额或交易量实行二次分配。

(5)按社员(代表)大会的决议提取任意盈余公积金。

(6)按社员(代表)大会的决议提取企业发展基金。

(四)财务控制

完善的企业内部控制制度是保证企业生产经营顺利进行,防范和化解经营风险的有力手段。农民专业合作社具有人员少、经营环节多、手续制度多的经营特点,更须建立完善的内部控制制度。

1. 建立人员控制制度

农民专业合作组织的日常工作人员宜少而精,人员的数量、素质应由理事会确定。厂长(经理)、技术负责人、财务负责人、实物保管员、出纳员的任用,解聘应提交理事会确定。特别是财务人员应统一聘用,经过专业培训,持证上岗,确定其在合作组织行政管理责任及地位,并定期考核、评审,确定奖惩是否续聘。

2. 强化资金管理制度

企业的资金、商品物资的流通必须制订严密交接、运转手续,经手人、保管人、批准人的签字必须齐全,各负其责。

3. 建立生产经营成本、费用等开支的审批制度

企业的日常开支,要区分不同性质、不同额度分别审批,属于日常零星开支由经办人、部门负责人、财务负责人、分管厂长(经理)签字后,厂长(经理)最后审批,属于大宗开支、非正常开支,需经理事会或社员(代表)大会批准。

4.建立投资、重大管理措施的可行性论证制度

投资重大管理措施的实施关系到企业的生存与发展,企业必须慎重行事,理事会应聘请有关专家进行认真的研究论证并经社员(代表)大会讨论确定。

5.建立财务审计制度,加强审计监督

为了取得广大社员的信任,财务管理必须高度民主化、透明化,除了实行企业自身的会计报告制度外,理事会还应定期或年终聘请注册会计师进行审计和咨询活动,确认企业经济活动的真实性,提高企业的管理水平。

6.加强执行与完善

建立完善的财务管理制度后,应加强制度的执行力度,规定管理部门专人负责制度的更新与完善,定期了解各项制度的执行情况,搜集反馈意见,确保制度符合实际发展需要。坚持综合治理、财务适当先行的理念,逐步树立财务在企业运行中的核心地位。从管理资产提升到管理资本,推行创新型的财务管理,切实提高资产监督水平。

(五)合作组织股金管理

专业合作组织对社员入股的股金必须造册登记,按其性质不同,分为身份股和投资股管理。

1.分类

(1)身份股是社员加入农民专业合作组织的基本条件,每个入社的农户都必须缴纳,身份股的股金数额由章程加以确定,一般应不低于50元。身份股实行入股自愿,退社自由,身份股原则上不承担风险,也不参与分红。如有退还必须在会计年度结算后进行。

(2)投资股可以是现金,也可以是土地使用权、实物、技术、劳动力等折价入股,投资股的股份比例由章程确定,以技术、劳动力等入股的,其股份原则上不得大于注册资金的30%。投资股实行利益共享、风险共担,除企业清算、歇业外,投资者可以转让,但不得退股。

2.管理

农民专业合作组织的股金实行专户管理、封闭式运行,只能用于专业合作组织的生产、经营、加工和管理,任何人都不得挪作他用和放贷。

四、农民专业合作组织管理的主要原则

(一)明确职责

确定单位内部各部门和各有关人员的职权和责任,才能确定他们在处理经济业务时所处的地位和作用。

(二)相互制约

处理每一项经济业务的全过程,不能由一个人包办到底,必须由几个不同职能的人或部门,按照规定的权限和程序办理。

(三)会计独立

账、钱、物实行三分管,即会计员、出纳员、保管员不得由一个人兼任,做到账目记载、资金收付特别是现金收付、实物进出三方面的人员分开,专人负责,便于相互制约和相互监督。

(四)凭证牵制

每项经济业务发生后,都必须填制会计凭证,所有凭证必须连续编号,按规定的程序传递,由规定的责任人签章,然后归档备查。

(五)稽核对证

为了防止违纪事项发生,及时纠正差错,必须充分运用复核与稽核方法,建立复核与核对制度。

(六)民主理财与群众监督原则

建立内部控制制度,必须坚持民主理财与群众监督相结合的原则,一些重大建设项目的决策、经营项目的选择、财务收支计划的制订,都应当有群众代表或民主理财小组参与,对财务收支的执行结果,应定期公布,接受群众质询,使之成为群众参与管理和监督控制的一项具体内容。

(七)内部审计

内部审计是一项独立的监察工作,是控制的再控制。内部审计是内部控制的有效措施,是内部控制制度的重要原则。

五、农民专业合作组织的成员管理

(一)农民专业合作组织对成员的加入退出要求

农民专业合作组织普遍坚持"入社自愿、退社自由"的原则,少数组织对核心成员的退出作出了限制。浙江省仙居县广度高山蔬菜专业合作社、新昌县兔业合作社规定,一般社员退社自由,但合作社工作人员和理事会、监事会成员在任期内不能退社。

(二)成员的种类

成员包括团体成员和个体成员。一些组织还将成员划分为不同层次和类别,分别规定不同的权利和义务。河北清苑县农林高优专业合作社,根据不同的入社意愿划分服务社员、生产社员、尝试社员、购销社员四种类型。

(三)成员加入的条件

对于结构较为松散的专业技术协会、研究会,会员加入的条件较为宽松。大多规定只要承认组织章程、从事相关行业就可以加入。收取少量甚至不收会费。对于结合较为紧密的农民专业合作组织,加入条件比较严格。一般规定必须缴纳至少一股股金,作为身份股。有的还要求具备一定的经营规模和技术水平。

(四)成员义务

1. 组织管理方面

遵守章程,执行社员大会、理事会、监事会的决定。

2. 业务方面

积极参加组织活动,按技术要求进行生产经营。

3. 经济方面

按规定缴纳股金或会费。一般规定社员以股金额为限对组织承担责任。

4. 精神方面

要求发扬互助合作精神,群策群力,共同开展生产经营活动。

(五)成员权利

第一,组织管理权利,包括选举权、被选举权、监督权、建议权。

第二,接受服务的权利,成员在享受组织服务方面比非成员拥有优惠的便利,如优先使用合作组织的设施,优先获得提供的技术、信息服务。

第三,参与二次分配的权利。

六、农民专业合作组织的产权

(一)农民专业合作组织的产权结构资产来源

1. 股金

有经济实体的农民专业合作组织一般都要求成员最少缴纳一股股金,作为身份股。有的对成员认购的最高股数进行限制。据调查,每股股金的金额一般从 50 元到 300 元不等。农民专业合作组织举办经济实体,特别是加工企业的,股金标准相对较高。有的农民专业合作组织在章程中明确规定,股金永远归成员所有。

2. 会费

主要是组织比较松散的协会收取,相当于成员享受组织服务的费用。一般规定每年缴纳一次,金额一般从 10 元到 50 元不等。

3. 政府投入资金

对于政府给予的扶持资金,大多数农民专业合作组织都明确规定作为组织的公共财产,成员退社时不能分割。

4. 贷款

主要是向银行等金融机构贷款。

(二)农民专业合作组织的产权结构

大多数农民专业合作组织都是以领办的大户、企业或涉农部门的经济实体为主要投资者。一般社员入股在全部股金中占的比例普遍不高。

(三)农民专业合作组织的股金流动

大多数规定股权可以在本组织成员之间流动,但要经过社员大会或理事会的同意。为解决资金缺乏问题,一些组织设立了投资股或优先股。重庆市万县天城区茶叶协会设立"责任股"和"优先股"两种股份。责任股持有者享有参与合作社所办企业的经营决策权、分配红利权,承担经济风险。优先股持有者每年固定领取 20% 的红利,不参与经营决策,不承担经营风险。为鼓励成员投入资金,部分组织还将入股额与享受的服务数量进行挂钩。北京顺义区北郎中村生猪产销合作社规定,社员按出资交售商品猪,每 1000 元为一股,每股交 50 头商品猪。

七、农民专业合作组织的产权分析

中国农民专业合作组织在产权制度安排方面的差别,主要体现在共有产权方面。共有资产以一种新的产权制度将合作组织成员联系在一起,形成一种新型契约关系。

(一)产权分类

产权理论将产权分为三类。

1. 私有产权

私有产权将资源的使用、转让与收益权界定给一个特定的人,他可以将这些权利与其他权利相交换,也可以自由地将这些权利转让给其他人,而不受到限制。私有产权意味着社会承认所有者的权利,并拒绝其他人行使该权利。

2. 共(公)有产权

共有产权意味着共同体内的每一个成员都有权分享这些权利,排除了国家和共同体以外的任何个人去干涉共同体内的成员行使其权利。

3.国有产权

国家拥有这些权利,由国家按政治程序来决定具体由谁使用国有财产。国有产权意味着国家可以在权利的使用中排除个人因素。

(二)农民专业合作组织分类及特征

依据农民专业合作组织成员是私有产权还是拥有共(公)有产权,还可以将我国农民专业合作组织分为私有产权型和共(公)有产权型两类。

1.私有产权型合作组织及其特点

"私有产权型专业合作组织"通常是指专业协会,主要是推广农业技术和提供技术服务。没有公共积累,自然也就没有共(公)有产权。从制度设置来讲,专业协会是一种松散的合作组织。

(1)农民专业合作组织内各成员间的关系是单纯的互助合作,加入农民专业合作组织不改变成员对其原有生产资料的私人所有权。农产品的生产、销售属于成员的个人行为。农民专业合作组织与生产的盈亏不相关,也不承担经营风险。

(2)农民专业合作组织本身没有进行生产和销售的业务,也不直接参与成员的生产和销售过程,只帮助成员协调处理相关事务,为成员提供产前、产中、产后系列服务,包括日常生产活动中提供技术咨询,聘请专家组织农业技术培训,介绍新品种、新技术,提供农业生产资料采购和农产品销售的信息,协助成员与农业企业、食品加工企业、生产资料的生产流通企业、农产品批发和销售商等进行项目合作等。

(3)相当部分的专业协会为了降低成员的生产成本、提高收益,代表其成员与农产品的买方或农业投入品的卖方进行讨价还价的角色,是一种合作制的经济谈判团体,类似于国外的议价合作社(Bargaining Co-operative),但协会并不从中赚取利润。

(4)专业协会通常并不要求社员或会员入股,部分协会要求农户加入合作组织时缴纳少量会费,以此获得享受技术、信息等服务的资格。会费用于维持协会日常运转开销和提供服务。专业协会一般主要依靠成员缴纳的会费和政府的财政支持维持运营,只能在较低水平上为成员提供各种服务。专业协会一直是中国农民专业合作组织的主要组成部分,约占总数的85%。由于其具有多种组织形态,也是合作组织中最不稳定的组织形式,有转变为专业合作社、股份制企业或私人企业的倾向。

2. 共有产权型专业合作组织及其特点

"共有产权型专业合作组织"区别于私有产权型专业合作组织的,是拥有归全部成员共有的公共积累,主要包括农民专业合作组织和股份制合作社。产权共有型的专业合作组织的内部制度设计比较复杂,组织形式相对紧密。农民专业合作组织是比较符合合作社基本原则的组织,其管理比较规范,是一种与社员联系比较紧密的合作形式。农民专业合作组织的制度设计一般包括:(1)进入自愿,退出自由;(2)社员一般交纳大致相等的股金;(3)实行民主决策,通常实行一人一票制度;(4)主要按照社员惠顾额返还利润,对资本的报酬有限,通常不高于同期银行活期利率;(5)股份不可转让或交易;(6)有一定数量不可分割的积累基金,等等。

农民专业合作组织多数在工商管理部门登记为企业法人,目前约占全国农民专业合作组织总数的10%。股份制合作社是股份制与合作制相结合的,既有合作化形式又有一体化特征的产权安排。股份制合作社是一种与成员关系紧密的合作形式,其制度特征比较复杂。具体表现在以下六方面:

(1)通常由农业企业、基层农技服务部门、基层供销社和比较具有企业家素质的"农村精英"等出资作为股东,再吸收少量的社员股金组建而成;

(2)进出往往有条件限制;

(3)投票方式多样化,以一人一票与一股一票相结合为主,按股份设置一定数量的附加表决权,有的就是按股投票;

(4)分配方式以按股分配与按惠顾额返利相结合,按股分配为主,有的直接采用按股分配;

(5)股份可有限转让;

(6)有一定的不可分配的积累基金,但有的也明晰到每人或每股。

股份制合作社基本上也在工商管理部门登记为企业法人。目前股份制合作社约占全国农民专业合作组织总数的5%。共有产权型专业合作组织的组织独立性和经济实力较强,具体组织形式较多,一般表现为两种运营形式。一是合作组织自身是一个生产经营农产品的实体。合作组织既提供服务又参与生产销售,不仅向成员提供服务,也向非成员提供服务,只是对非成员提供服务的数量一般受到一定限制。合作组织直接参与组织其成员进行农产品生产、加工、销售,并在此过程中赚取一定的利润,甚至有的合作组织在内部实行统一计划生产,统一采购原材料,统一组织销售的模式。二是合作组织拥有成员共有产权的运营实体。有些实力较强的合作组织将公共积累部分进行再投资,用于扩大生产规模或组建运输、销售或精加工等方面的企业为合作组织的生产提供服务和赚取利润,这些企业的产权也归合作组织共有。

八、农民专业合作组织的运行机制

(一)农民专业建立合作组织运行的整体机制

第一,建立科学的运行机制。一是成员(代表)大会运行机制,二是理事会运行机制,三是监事会运行机制。

第二,建立明晰的产权机制,用股权证等形式明晰成员股权,实行严格的账内管理。并明确本组织的盈余和积累按股权比例属于各成员所有,股权可继承、抵押和内部转让等。

第三,建立规范的企业化经营机制应本着对内服务、对外企业化经营的策略,在着力为成员提供多功能、全方位服务的同时,积极开展对外企业化经营,有条件的农民专业合作组织,可通过举办经济实体,增强为民服务的实力和长期生存之本。

第四,建立合理的利益分配机制,按照资本报酬适度的原则,限额计付股息(如美国农业部规定合作组织内部按股分红的比例不超过 8%),全年盈余在适当提取发展基金后,按成员交易量的比例返还给成员。但在资本稀缺的情况下,也可探讨"一社两制"的办法,即对内实行限额计息盈余返还、对外资本实行计息分红的办法。

第五,建立完善的监督约束机制。一是建立社会监督约束机制,促其守法经营;二是建立系统监督约束机制,强化农业业务主管部门监督指导,促其规范经营;三是建立内部监督约束机制,发挥监事会和成员的监督作用,促其正常经营。

(二)农民专业合作组织的决策机制

1. 社员大会是最高权力机构

一般规定社员大会每年召开一次。成员较多的农民专业合作组织规定召开社员代表大会。在表决机制上,一般规定会议必须由全体成员的 2/3 以上参加,决定事项需要参加人数的过半数通过,对于重大事项需要 2/3 以上参加人员通过。

2. 坚持一人一票、民主决策的基本原则

绝大多数组织在章程中明确了这一原则,但也有个别作出了灵活规定。浙江省温岭市箬横西瓜专业合作社采取根据社员的交易额(西瓜经营面积)确定出资额和配置股份。章程第十七条规定:"本社表决实行一人一票为基础,对本社有特殊贡献的社员可以按交易额比例拥有不超过总票数50%的表决权。"

(三)农民专业合作组织的盈余分配机制

1. 盈余分配的项目和次序

一般规定的次序为:(1)弥补以前年度的亏损;(2)提取公积金;(3)提取公益金;(4)提取风险基金、发展基金;(5)成员股金分红;(6)按销售农产品的数量和质量对成员进行利润返还。

2. 进行盈余返还的组织比例不高

据农业部提供的资料,江苏、四川、贵州三省的农民专业合作组织中,进行盈利返还的比例分别为 9%、6.18% 和 2.87%。

3. 盈余分配的比例

提取公共积累的比例一般为 10%—20%。其中,公积金、公益金分别为5%、10%。提取风险基金和发展基金的比例一般为 25%,成员股金分红的比例一般为 30%—40%。有的规定,股息一般不高于同期银行存款利率。盈余返还的比例一般为 20%—40%,但有的比例高达 70% 多。

九、农民专业合作组织内部管理

(一)农民专业合作组织内部管理的共性要求

农民专业合作组织是以农民为主体,自我管理、自我发展、自我服务的组织。"民办、民管、民受益"是其内部管理基本原则,不论其具体形式是专业合作社还是专业协会,在内部管理上都要做到以下八方面。

1. 在资质上

经区县农业主管部门批准或民政、工商管理部门登记注册,有公章、有牌子,有管理部门的批准成立文件。

2. 在办公场所上

办公用房固定、环境整洁,登记证书、章程、制度等要上墙,要有满足需要的办公设施。

3. 在机构建设上

要经民主选举产生理事会(董事会)、监事会、理事长(董事长)、监事长,设置工作职能部门。

4. 在组织章程上

要体现"民办、民管、民受益"原则;明确产权关系和利益分配机制,章程必须经成员大会或成员代表大会表决通过。

5. 在制度建设上

最基本的要制定四项制度:成员(代表)大会制度、民主管理制度、财务管理制度、部门责任制度,合作社还要制定利润返还制度。各项制度要经理事会酝酿议定,成员大会或成员代表大会讨论决定。由成员代表大会讨论决定的各项事项要通过适当形式告知全体成员。

6. 在财务管理上

要设置财会人员,单独建账,单独开设银行账户。妥善保管财务资料。

7. 在成员管理上

凡是农民专业合作组织的社(会)员,都要发放社(会)员证,证书内容要规范,能体现社员或会员身份。农民专业合作组织要建立社员或会员管理台账,与社(会)员证配套使用。

8. 在档案管理上

要设立专门的档案柜,按年度把各项资料,如各项登记注册文件、理事会和监事会的年度报告、各种表决记录、各项活动记录等装订并妥善保管。

(二)农民专业合作组织内部管理的个性要求

各类型的农民专业合作组织,除应达到上述共性要求外,还应根据各自不同的特点,开展相应的管理活动。农民专业合作组织内部管理的个性要求在满足以上共性要求外,农民专业合作组织还要做好以下基础管理工作。

1. 要接受领导

自觉接受政府主管部门、工商行政管理部门的指导、管理,按要求向有关部门报送相关材料。从事经营活动的农民专业合作组织还要按时向税务部门纳税。

2. 要明晰资产

明晰资产包括两个方面的含义。一方面是明晰内部成员的资产份额。专业合作组织是由全体社员或部分社员投资形成的生产经营单位,在原始资本的基础上形成的合作社资产归属全体社员。合作社在建立之初就应明确各入社农户的投资份额,以投资份额确定今后生产经营中的增值权益。另一方面要明晰合作组织的总资产量。组成合作社的成员有企业、有农户,在核定合作社自身资产总量时,应根据章程的规定,在明确每个社员投资额的基础上,核定出合作社总资产。不能把团体社员的企业资产和农户社员的个人资产笼统地"归大堆",全部核算为合作社资产。目前,农民专业合作组织大部分以企业或能人大户投资带动农户组建,没有广泛地吸收社员股金,有的少部分吸收了农户社员股金。今后,发展和政府支持的方向是股份制合作社。

3. 要加强经济核算

合作组织是企业,搞好经济核算是至关重要的,特别是经营性的合作组织,更要加强经济核算。目前国家没有专门的合作组织会计制度,根据工作实践情况,专业合作组织一般按照《农业企业会计制度》设账核算。需要说明的是,农民专业合作组织是一种新型的生产经营组织形式,《农业企业会计制度》并不完全适用其核算需要,各专业合作组织还要根据自身经营情况对账户设置作必要的增加和调整。

4. 要实行惠顾返还

惠顾返回是合作组织独有的做法。这一做法也是各国合作组织通行的惯例。目前,合作组织的惠顾返还,有的按照社员有偿使用合作社设备加工产品的数量或设备使用费的多少返还;有的按照低价购买合作社供应的投入品的数量或价值量返回;有的则按照向合作社交售产品的数量或价值量返还。需要注意的是,不论按照哪种形式、以什么参数为计算依据,都必须做到核算标准统一、核算范围全面、核算准确。

(三)专业协会内部管理的个性要求

在满足以上共性要求外,专业协会还要做好以下基础管理工作。

1. 接受领导

自觉接受政府主管部门、民政部门的指导、管理,按要求向有关部门报送相关材料。

2. 规范核算

按照财政部、民政部的规定,从 2005 年 1 月 1 日起,凡是非营利性的社会团体一律执行《民间非营利组织会计制度》。各专业协会要及时按照新的要求,在当地民政部门的指导下,做好账务调整,保障制度调整中前后账务的衔接。

3. 合理确定协会资产

按照《民间非营利组织会计制度》的解释,协会资产是指过去的交易或者事项形成并由民间非营利组织拥有或者控制的资源,该资源预期会给民间非营利组织带来经济利益或者服务潜力。资产应当按其流动性分为流动资产、长期投资、固定资产、无形资产和受托代理资产等。流动资产、长期投资、固定资产、无形资产大家都明白,对受托代理资产可能比较生疏,受托代理资产是指民间非营利组织接受委托方委托从事受托代理业务而收到的资产。在受托代理过程中,民间非营利组织通常只是从委托方收到受托资产,并按照委托人的意愿将资产转赠给指定的其他组织或者个人。民间非营利组织本身只是在委托代理过程中起中介作用,无权改变受托代理资产的用途或者变更受益人。目前,大部分协会由企业(小区)、农户组成,其构建模式是"协会＋企业＋会员"的模式。在核算协会资产时,往往把企业或小区的资产,甚至农户会员的资产都核算为协会资产,这是不正确的,虽然协会是由企业(小区)、农户组成的,但协会本身是独立的法人单位,协会的资产也应是独立的。企业(小区)、农户等会员的资产可以归属协会,但要履行所有权转移手续,手续一经确认,企业(小区)、农户等会员就放弃了对这部分资产的所有权,而由协会全体成员共有。因此,核定协会的资产,一定要以章程为依据,按照章程的规定,确定协会资产。确定协会资产过程中,有资产所有权转移的,要特别注意履行必要的程序,使资产所有权转移法律化。

▷ 基础训练

素质题:以合作社样板为例,分析其组织架构。

技能题:绘制某合作社的管理组织框架图。

知识题:详述合作社产权的重要性。

合作社经营模式

▷素质目标

对家乡合作社进行组织模式划分。

▷技能目标

针对目标合作社,判断其经营模式类型。

▷知识目标

了解合作社组织模式运行的机制。

▷阅读材料

自 2007 年 7 月 1 日《农民专业合作社法》施行以来,肩负着"情系三农,造福民生"伟大历史使命的和美华集团在各级政府及主管部门的大力支持下,积极组建养殖专业合作社,以发展养殖业为基础,以为成员谋取共同利益为宗旨;以养殖大户和优秀的本土化人员为生力军;按照"民办、民管、民受益"的方针,将农民形成有序化组织,同成员建立起长期、稳定的合作发展关系,通过整合社会各方资源,理顺各方利益关系,建立起系统服务平台,实施网络化经营,实现成员的利益最大化。

为了实现"打造合作社模板,不断总结成功经验并复制推广到全国市场,2008 年成功运营 50 个合作社"的战略发展规划,2008 年 7 月 3 日上午,和美华养殖合作社运营研讨会在济南召开,来自全省的筹建、在建和已成立的合作社组织代表共 75 人参加了会议。

会议邀请了和美华集团董事长、总裁刘方波先生为大家做了《更新观念,加快合作社运营》的报告,刘总首先针对当前合作社发展现状和存在的主要问题作了深入的分析。就现状而言,总体上看,目前我国农业产业化经营还刚刚起步。主要表现在各地农业产业化经营发展很不平衡;龙头企业普遍规模偏小,抵御市场风险的能力较弱;合作社组织形式和利益机制还不够完善和规范,大面积带动农户的能力不强;管理体制不适应,扶持政策不到位,人才、技术、资金缺乏仍然是制约农业产业化发展的"瓶颈"。目前合作社发展存在的主要问题:第一,覆盖面偏低,合作紧密性还不强,功能和作用有限,大部分组织起步晚,起点低,商业规模小;第二,组织机构较为简单,合作水平低;第三,对成员利益保护不够;第四,规范性发展不足;第五,内部治理多数不健全,管理任重道远。

刘总要求,要更新观念,转变思维,去除"小农意识"。解放思想,顺应时代要求,顺应当前以养殖户为中心的行业局面,加快战略转型。充分认识发展合作社,推动农业产业化经营具有以下重要意义:第一,发展农业产业化经营是推进农业和农村经济结构战略性调整的重要带动力量;第二,发展农业产业化经营是在家庭承包经营基础上实现农业现代化的必由之路;第三,发展农业产业化经营是当前增加农民收入的现实途径;第四,发展农业产业化经营是提高我国农业国际竞争力的有效措施。

刘总强调,运营合作社是我们的必由之路。第一,《农民专业合作社法》的颁布实施、中央政府一系列文件及其他扶持农业政策的出台,表明中国农业、农业企业面临着前所未有的发展机遇。第二,农业产业化经营是实现中国农业腾飞的重要途径之一。第三,成立合作社,将农业形成有序化组织是实现农业产业化经营的重要基础。第四,要实现农业增效、农民增收,提高农产品市场竞争力,把千家万户组织起来,应对千变万化的大市场。第五,形成"小生产、大群体"的经营格局,实现规模化产出,增加了农民的收入,实施农产品品牌战略,提高畜产品价值。

最后,刘总在报告中再次强调要规范合作社的运营管理,并明确指出合作社运营管理细则和操作要点:第一,加快合作社的运营,创新经营模式;第二,具体的操作思路;第三,合作社运营管理基本流程;第四,合作社宣导、沟通操作细则;第五,合作社章程拟定和工商登记细则;第六,明确组织机构、建立规章管理制度;第七,运营管理细则、操作要点;第八,和美华养殖合作社总社与各地合作社的关系。

会上,集团副总裁高磊先生、集团总裁办主任石建国先生、济南和美华饲料总经理刘方永先生分别就合作社运营过程的具体事宜作了《合作社组织机构及相关制度》《合作社的注册与工商登记》《合作社运营管理细则与操作要点》的报告,合作社总经理张凤祥先生将自己在合作社运营的实践中积累的经验与大家交流,大家围绕合作社的运营展开了热烈的讨论。

通过这次会议,大家感受到发展合作社的压力和紧迫感,对合作社的运营有了更充分的认识,进一步明确了工作目标和发展方向,增强了加快发展合作社的信心。

(资料来源:http://www.hemeihua.com/xfzx/html/? 260.html)

随着农民专业合作社的飞速发展,越来越多的农民看到了合作社的优势,享受到了合作社的好处。合作社的经营模式也在市场考验中不断创新,越来越适应各地农村的实际,切实改变农民和农业的弱势地位,有效地促进农民增收、农业增效。比较能代表目前农民专业合作社的总体经营水平的有以下几种模式:龙头企业+合作社+农户,合作社+大户+农户,龙头企业+合作社+基地+农户,合作社+专业协会+农户,龙头企业+合作社联社+农户。

一、"龙头企业+合作社+农户"经营模式

(一)含义

"龙头企业+合作社+农户"这种经营模式中,龙头企业是通过农民专业合作社与农户有购销关系的农产品加工和流通企业。企业与合作社结成企业关系,规定双方的权利和义务,合作社作为中介,通过合作社章程约束农户,与农户结成利益共同体。合作社向农户提供配套服务,如提供优质品种、先进技术和产中服务等,与企业协商制订保护性价格,集中收购农户的初级产品,并交售给企业,承担生产风险(见图4-1)。

(二)运行机制

1.组织结构

合作社设有社员代表大会、理事会、监事会。由理事会负责日常管理,管

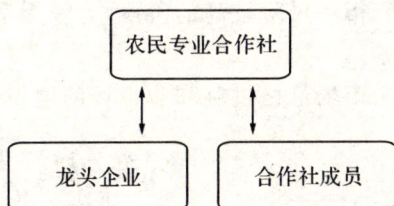

图 4-1 "龙头企业＋合作社＋农户"经营模式结构图

理人员一般选自该合作社成员。合作社的大事由社员代表大会决定。

2. 经营服务内容

统一供应种苗,统一实施适用新技术,统一配供农用投入品,统一疫病防治,统一协调贷款,统一产品销售。合作社上联企业,下联社员农户,实行标准化生产、产业化经营。日常管理由理事会承担,理事长负责。

3. 运作机制

(1)股权设置机制:合作社主要以农户社员为主体,成员地位平等,实行民主管理;社员入社必须按生产规模购买股金,原则上入社自愿、退社自由,社员退社时仅退还股金。

(2)决策机制:合作社成员大会选举和表决,实行一人一票制,成员各享有一票的基本表决权。管理人员一般来自内部理事会成员。实行内部管理,重大决策提交社员代表大会表决通过。

(3)生产机制:统一供应种苗,统一实施适用新技术,统一配供农用投入品,统一疫病防治,统一协调贷款,统一产品销售。合作社上联企业,下联社员农户,实行标准化生产、产业化经营。日常管理由理事会承担,理事长负责。合作社还负责与企业的对接,如签订合同、组织收购以及企业通过合作社将其收购金送到农户手中,等等。

(4)利润分配机制:盈余主要按照成员与农民专业合作社的交易量(额)比例返还。返还的总额不低于可分配盈余的 60%。

(三)"龙头企业＋合作社＋农户"模式优缺点

1. 优点

(1)合作社的计划性比较好,以合同为纽带便于控制。

(2)由于公司在产品开发、市场拓展等方面具有较大的优势,合作社具有对大量分散的生产者独有的组织管理能力,双方结合,可以优势互补。

（3）在产业不稳定、市场风险较高的阶段，有较大适应性，易通过企业向农业引导现代技术要素。

（4）在产业组合中，市场价格机制和非市场的组织机制结合，比较灵活，组织成本低。

2.缺点

（1）市场开拓，过分依赖龙头企业，一旦企业出现经营危机，合作社将陷入困境。

（2）虽然股权的分散提高了社员生产的积极性，社员凝聚力也有所提高，但合作社经营风险增加了。

（3）合作社的组织服务和业务还只停留在提供市场信息、技术咨询、提供种苗和生产资料以及初级产品销售的低层面上，而在进行深加工、精加工、提高产品附加值方面的业务很少，缺少适应和开拓市场的能力。

二、"大户＋合作社＋农户"经营模式

（一）含义

"大户＋合作社＋农户"经营模式的合作社是由农民企业家或具有一定经济实力和能力的种养大户、运销大户、农民经纪人等牵头组建并组织运行的合作社。这些骨干社员不仅出资最多，而且具有技术特长或者经营管理能力，一般来说他们既是合作社的主要决策者，又是合作社的日常经营管理负责人，是合作社的核心，对于合作社的生存和发展起着决定性作用。合作社的管理呈现企业化特点（见图 4-2）。

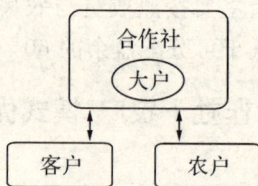

图 4-2 "大户＋合作社＋农户"经营模式结构图

(二)运行机制

1. 组织结构

农村能人是合作社的主要决策者,又是合作社的日常经营管理负责人,他们将与自己有相同利益关系的农户联合起来,实行股份制管理,并担任合作社的理事长。

2. 运作机制

(1)股权设置机制:合作社主要以农户社员为主体,社员入社必须具备一定种养技术和经验,人品好,并且与发起人存在千丝万缕的关系。

(2)决策机制:合作社成员大会选举和表决上不再实行一人一票制,而是实行以一人相对多票制方式管理合作社重大事务。

(3)生产机制:统一种苗,统一标准,统一品牌,统一疫病防治,统一农资,统一产品销售。合作社主要以"能人"代表合作社出面解决合作社的主要事务,如与企业对接、联系外部收购、联系种苗、联系农资等。

(4)利润分配机制:盈余主要按照成员投入的股份(额)比例返还。返还的总额不低于可分配盈余的 60%。

(三)"大户+合作社+农户"经营模式的优缺点

1. 优点

(1)农民企业家或具有一定经济实力和能力的种养大户、运销大户、农民经纪人,这些农村能人信息比较灵通,市场运作经验较为丰富,且有一定的积累。他们对开展农产品标准化生产、规模化经营、品牌化运作重要性、必要性的认识更加深刻。

(2)整个合作社的决策权、控制权都集中掌握在合作社领导人(农村能人)手中,权力集中,决策效率高,决策成本低。

2. 缺点

(1)在股权方面,容易造成一股独大,股权结构的集中化与决策权的集中化,使合作社领导人拥有主导的剩余控制权和决策权,普通农户由于投入资金少,股权分散,在组织中往往处于从属地位,发言权有限,对合作社发起人个人的依赖性过强,一旦发起人出现决策失误,必将引致合作社发展出现重大损失,其可持续发展存在问题。同时,不利于先进管理思想的引进。

(2)内部人控制问题。许多农民对于骨干社员控制合作存在信任恐惧,他们不愿意将资金投入或加入一个既无法预期成本、收益和风险,又无法主导其发展方向的合作组织。这种信任恐惧主要来自对内部人控制问题的担心。

(3)作为代理人的理事长等具有的信息控制优势,而普通社员由于从合作社盈余中按交易额和股份返还中得到的利润非常有限,往往不愿意将过多的精力放在合作社上,从而放松了对代理人的监督力。

三、"龙头企业+合作社+基地+农户"经营模式

(一)含义

此种类型合作社依托龙头企业建立合作社,按照"民办、民管、民受益"的原则,建立龙头企业、合作社、基地、农户之间风险共担、利益共享的长效运作机制,把一家一户的生产组织起来,将分散的家庭生产经营活动引向市场,以股份合作制进行生产经营、分配和管理,实现集约化、标准化生产。"龙头企业+合作社+基地+农户"这种经营模式既发挥了规模优势,又提高了经济效益,还解决了一家一户难以解决的问题,使社会资源得到了有效配置(见图4-3)。

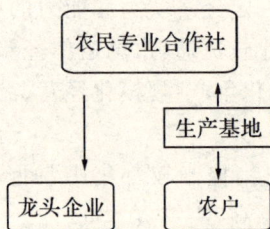

图 4-3 "龙头企业+合作社+基地+农户"经营模式结构图

(二)运行机制

1. 组织结构

合作社呈现企业特点,理事会下设基地,基地实行二级管理,设一名基地负责人,承担基地的日常事务管理,均由社员担任。

2.经营服务内容

合作社承担基地与企业的联系,在生产过程中,有的合作社还为农户提供购买生产资料的服务。生产过程所需要的技术服务,一般由合作社提供。合作社统一种苗,统一标准,统一品牌,统一疫病防治,统一农资,统一产品销售。

3.运作机制

(1)股权设置机制:合作社主要以农户社员为主体,社员入社必须按生产规模购买股金。

(2)决策机制:合作社成员大会选举和表决不再实行一人一票制,而是实行以一人相对多票制方式管理合作社重大事务。

(3)生产机制:合作社统一种苗,统一标准,统一品牌,统一疫病防治,统一农资,统一产品销售。该种类型合作社代表农户出面解决合作社的主要事务,但是合作社的用人制度和就业性发生根本改变,地里除了为自己干活的社员,还有大量的雇工——农业工人,产品销售主要通过在各省市大型农产品市场设直销点或由企业与合作社签订合同,出资通过合作社基地大规模生产,企业按保护价格或略高于市场价收购社员基地产品。

(4)利润分配机制:各基地类似企业车间,独立核算,自负盈亏,盈余主要按照成员投入的股份(额)比例返还。

(三)"龙头企业+合作社+基地+农户"经营模式的优缺点

1.优点

通过规模化、企业化的农业生产,更好地实现土地、劳动力、技术、资金等生产要素的优化组合,更有利于实现生产的标准化、专业化、科学化,从而具有更强的生命力。

2.缺点

现阶段,相当一部分企业只注重自身的经济效益,对基地和农户的利益往往都忽视了或者关注程度严重不够,农民的利益受损也影响了他们参加农民专业合作社的积极性。

四、"合作社＋专业协会＋农户"经营模式

(一)含义

合作社联合各专业协会共同成立合作社,具体同合作社一样,成立理事会,各协会成员作为合作社的成员。成立社员大会,理事会负责合作社的所有事务。该种类型使合作社的业务不再拘泥于一种或几种农作物的产前、产中以及产后的服务,将范围扩大到多种农作物的种植或动物养殖。合作社为各个协会的成员服务,如聘请专业技术人员来讲课,组织各成员学习、联系销售、外购物资等,更好地实现土地、劳动力、技术、资金等生产要素的优化组合,有利于实现生产的专业化、标准化和科学化,从而具有巨大的生命力(见图 4-4)。

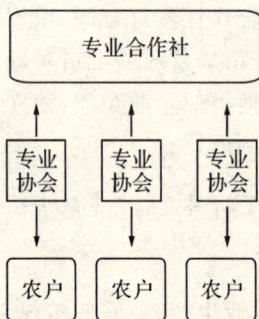

图 4-4 "合作社＋专业协会＋农户"经营模式结构图

(二)"合作社＋专业协会＋农户"经营模式运行机制

1.经营服务范围

由于合作社是多种专业协会的联合。因此,合作社的服务范围也扩大了,不再拘泥于一个村或邻近的几个村,而是将面拓宽到好几个村的联合。生产过程所需要的技术服务,一般由合作社提供。合作社统一种苗,统一标准,统一品牌,统一疫病防治,统一农资,统一产品销售。

2. 运行机制

（1）股权设置机制：合作社主要以各专业协会的农户社员为主体,社员入社必须按生产规模购买股金。

（2）决策机制：合作社成员大会选举和表决上不再实行一人一票制,而是实行各专业协会一协会一票。

（3）生产机制：合作社统一种苗,统一标准,统一品牌,统一疫病防治,统一农资,统一产品销售。

（4）利润分配机制：各协会独立核算,自负盈亏,盈余主要按照成员投入的股份(额)比例返还。

(三)"合作社＋专业协会＋农户"经营模式的优缺点

1. 优点

（1）通过协会和合作社的联结,能够把资本、技术和劳动力等方面优势更有效地联合起来,使会员和协会的利益进一步扩大,从而达到发展、壮大优势产业的目的。

（2）合作社是围绕当地特色项目,形成主导产业,在政府部门的带动下,合作社的经营条件较好。

2. 缺点

（1）组织参与者众多,利益主体复杂,协调管理成本高,组织容易失控。

（2）由于各协会成员基本都是农村中种植大户或养殖大户,文化水平普遍偏低,合作社的管理人员大多都是由这些人组成,组织分散。

五、"龙头企业＋合作社联社＋农户"经营模式

(一)含义

合作社联社是由从事同一产品生产经营的农民专业合作社、加工企业及与该产业相关的组织共同组成,围绕产品进行产加销一体化产业经营。农民专业合作联社成立的目的是为了扩大生产经营和服务规模,提高市场竞争力。农民专业合作社在突破自身发展瓶颈的过程中,在一定的地理范围内联合起来,整合、盘活乡村合作资源,综合化地促进农副产品的规模化和标准

化,从而与市场等系统结成良性互动关系。为了改善自身的市场境遇,农民专业合作社走向联合将成为必然趋势,因为只有联合,才能以最低的成本实现市场的快速扩张,提升农民专业合作社的竞争实力。合作联社是应对农业商品化、农产品贸易市场化和国际化的挑战而产生的,强调无公害、绿色食品,以满足越来越高的国际市场需求,应对越来越苛刻的国际贸易技术壁垒。由从事同一产品生产经营的农民专业合作社,加工企业及该产业相关的组织共同组成,围绕产品进行产加销一体化产业经营(见图4-5)。

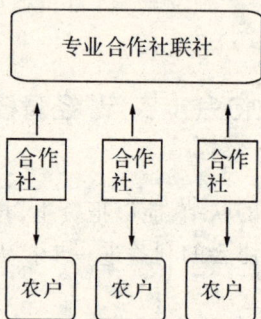

图4-5 "龙头企业+合作社联社+农户"经营模式结构图

(二)运行机制

1. 组织结构

除合作社常设机构外,还设有联合组织职能部门,管理各个合作社,理事会多从外部聘请专业人士协助经营管理。

2. 经营服务内容

统分结合,双层管理。统一种苗,统一标准,统一品牌,统一疫病防治,统一农资,统一产品销售。

3. 运作机制

(1)股权设置机制:根据各分社的经营规模购买股金。

(2)决策机制:实行"一分社一票"制方式。分社实行一人相对多票制民主管理合作社重大事务。

(3)生产机制:合作联社统一种苗,统一标准,统一品牌,统一疫病防治,统一农资,统一产品销售。

(4)利润分配机制:各分社独立核算,自负盈亏,利润分配以按照成员投入的股份(额)比例分红为主,投售额分红为辅。

(三)"龙头企业＋合作社联社＋农户"经营模式的优缺点

1. 优点

(1)把相关经济活动纳入到一个合作社联社来经营,是市场交易"内部化"行为,即通过组织边界的扩张,借助于组织对市场的替代,变市场交易为组织内部交易,从而节约交易成本。

(2)通过产加销一体化纵向联合形成联社,可以让单个合作社摆脱对设厂的盲目性,从而规避市场风险,而且可以让各个分社之间形成利益共享的机制,变"竞争"为"合作—协调"。

2. 缺点

由于是联社,组织参与者众多,利益主体复杂,这就要求合作社联社的管理层具有较高的管理能力和协调能力,但目前大部分成员是农民,文化程度低,没有经过专业培训,组织容易失控。

▷ **基础训练**

素质题:分析熟悉合作社的经营模式。

技能题:绘制目标合作社经营模式结构图。

知识题:简述合作社不同经营模式间的差异。

我国政府对合作社的管理

▷ 素质目标

从政策和法律两方面了解国家对合作社的扶植。

▷ 技能目标

解读国家合作社政策。

▷ 知识目标

1. 区分国家、省、市三级扶植政策。
2. 了解国家和地方合作社相关法律法规。

▷ 阅读材料

"农民想流转又顾虑重重,想种田又有心无力。"湖南省湘阴县农业局副局长谭建凯的反映得到学员们的认同。在稳定现有土地承包关系并长久不变的前提下推进适度规模经营,是发展现代农业、提高粮食单产水平、增加农民收入的有效途径。然而,在轮训班的土地适度规模经营与流转的专题研讨会上,学员们一致反映,目前农村土地流转出现了一个明显的倾向,就是农民希望合作社成为流转的主体。

目前的土地承包经营权流转在实施过程中面临着三大问题。第一是农民顾虑重重,担心流转主体能否兑现流转费用以及市场变化后能否确保收益。2/3 以上的农业大县通过土地流转实现规模经营的土地不超过 8%,且规模较小。第二是土地流转中的资金问题难以解决,目前没有明确的路径。第三是部分流转土地出现"非粮化"甚至"非农化"现象,威胁着国家粮食安全。江苏省宝应县农委副主任姜启顺说，目前农民所进行的多为"被动式的流转"，一是由于外出务工，无力耕种而将土地流转给亲朋或者大户进行经营；二是将土地纳入政府主导建设的农业园区，成为高标准农田或者设施农业的一部分，效益虽高，但推行成本大，政府负担重，农民的积极性也不高。学员们认为，由农民专业合作社来担当规模经营的主体是土地流转迈上可持续发展道路的最佳途径。内蒙古赤峰市松山区已经通过几家大型农民专业合作社进行了 40 多万亩的土地流转。该区的农牧局局长许振华给大家算了一笔账，以种植玉米为例，通过合作社统一的组织管理、购种播种、机械化运作，农户每亩效益至少可提高 200 元。合作社进行土地规模经营，一是有利于搞专业种植，二是有利于机械化作业，三是有利于推广现代化的农业设施和农艺措施。这种合作社也从根本上保障了农民的土地权益，杜绝了土地的"非粮化"倾向。同时，合作社在把握市场动向、调整种植品种、促进农产品上市中也调动了农民的积极性，为培养种粮人才搭建了平台。安徽省凤台县农委主任朱玉峰说，"托管"也展现了合作社的优势，劳动力不足的农户将自己的土地交给合作社经营，从播种、田管再到最后的收割全由合作社代管，既保证了土地效益，又保证了农民不失去经营权，还减少了纠纷，将规模经营的成本降到了最低。学员们建议，由于目前合作社的力量薄弱，发挥的作用有限，在发展粮食生产上，国家要加强对合作社的扶持和服务。一是对合作社的土地流转进行补贴，鼓励土地向合作社流转。二是在粮食生产补贴上向合作社倾斜，使合作社能够长期进行粮食种植。三是加强土地流转的管理和服务，对合作社加强指导，保障合作社社员的经济权益、土地权益。

（资料来源：http://info.china.alibaba.com/news/detail/v0-d1025720264.html）

农民专业合作社作为弱势群体——农民联合起来的非营利组织，与一般企业比较而言具有明显的反市场性，对政府的支持具有天然的依赖性。基于农民对专业合作日益增长的需求，我国农民专业合作社在数量上获得了一定发展，但总的来说仍处在初始发育阶段，其经济技术实力还相当弱小，成长尚面临着许多方面的困难，绩效不尽如人意，需要全社会特别是政府予以关注和支持。本章旨在简要梳理我国政府扶持农民专业合作社发展理据，总结我国政府计划经济时期扶持农民合作社的经验教训，借鉴部分国家（地区）扶持合作社政策的基础上，提出市场经济条件下政府扶持农民专业合作社提高绩效的方略选择。

一、政府加强合作社管理的重要性

(一)有效改变我国农业的弱质性产业地位

虽然随着社会经济的发展,按照"配第—克拉克"定理,农业产值在三大产业中的比重不断下降,但由于农产品在人类需求中处于最基础的层次,农业作为经济社会持续稳定发展的基础地位并没有动摇。同时,农业生产不但受气候条件等方面的影响大,面临着比其他产业更大且无法抵御的自然风险,而且由于生产的季节性和周期性,对于价格波动反应滞后而产生巨大的市场风险,即由于市场机制的作用,农产品稀缺或过剩的信号容易失真,农民难以形成稳定的价格预期,而产生极大的盲目性和市场风险。因此,农业是一个典型的弱质性产业,广大小规模经营的农户成为了我国社会最大的弱势群体,最需要政府的保护和支持。我国是世界上人地矛盾最突出的国家之一,农业人口人均耕地面积仅是美国的 1/169,加拿大的 1/348,日本的 1/6,韩国的 1/3。(孔祥智,陈丹梅,2007)实行家庭联产承包责任制后,小规模经营和大市场之间的矛盾更显得突出,同时,农民文化素质又处于较低的水平。据统计,2005 年在我国每百名农村劳动力中,有文盲 7.46 人、小学文化程度 29.20 人、初中文化 50.38 人,高中文化 10.05 人,中专文化 2.13 人,大专及以上文化 0.77 人。(孔祥智,陈丹梅,2007)低文化水平必然导致劳动生产率低下,其收入也很难得到稳定提高。因此,农户既是重要的市场主体,又是全国最大的弱势群体。2008 年 10 月中共十七届三中全会在分析农村经济社会发展形势时,明确指出:农业基础仍然薄弱,最需要加强;农村发展仍然滞后,最需要扶持;农民增收仍然困难,最需要加快。从国际经验看,在市场经济条件下,解决"三农"问题,推进现代农业建设必须充分发挥政府、市场和民间组织的作用,其中民间组织对于克服政府调控不足和市场缺陷具有独特的作用。

(二)有效化解生产经营中的自然风险和市场风险

我国农民专业合作社作为市场经济条件下弱势农民的联合性组织和现代农业企业制度,它与农户的利益高度一致,与现代农业的发展方向高度一致。可以说,政府只要扶持真正的农民专业合作社稳定发展,帮助其加强基础生产能力建设,化解生产经营中的自然风险和市场风险,就能够有效巩固农业的基础地位,就能够帮助农民迅速有效地提高收入水平,使其接近或达到其他产业劳动者的收入水平。也就是说,农民专业合作社兴旺发达之时,即我国全面解决"三农"问题,实现农业现代化之日。弥补合作社效率损失,发挥合作社效能的需要。合作社作为一种与市场经济机制、股份公司制度企业并存的一种特殊制度资源,在市场配置资源失灵或政府调控不完全有效的领域可以给社会弱势人群一种替代性选择,是社会经济发展中与公共部门、私人部门并行的第三部门。

(三)促进市场有效竞争

农民专业合作社具有的纠错功能,主要体现在防止农产品过度供给而导致价格剧跌,促进市场有效竞争,提供市场缺失的服务。萨皮罗学派就认为,按照商品类别组建合作社,由于合作社在各自的产品市场占据较大的份额,并且通过产品分组和储藏等方式,避免了大部分商品同时上市带来的价格损失,可以实现更好的市场秩序、纠正生产者面临的不公平的贸易条件,从而有效保护农业生产者利益。而按照诺斯等的"市场竞争标尺"理论,农民专业合作社建立并拥有一定市场份额后,不但可以改善自身的市场地位,而且更重要的是充当了"市场竞争标尺",促进了市场的有效竞争,迫使其他投资所有者企业不得不提高效率,进而提高了整个社会市场的效率(张晓山,2002)。同时,由于农户居住分散、需求小而服务成本高,当许多IOF(投资者所有的企业)不愿意深入农村为农户提供各种服务,而政府的调控又不完全有效时,农民专业合作社就可以提供市场缺失的服务,纠正市场失灵。由此可知,农民专业合作社的服务具有正外部性,它兼顾社会公平,必然影响自身效率,因此,只有得到政府公共政策的扶持才能补偿这方面的效率损失。

(四)提高农民自身适应市场、开拓市场的能力

我国农民专业合作社也与国外农民合作社一样,有自身天生的弱点,在发展中面临一系列约束。首先,作为弱者的联合,农民专业合作社与其他同类竞争主体比较,其资金、技术和经营管理就处于不利地位。据国家工商部门统计,在2008年全国注册登记的农民专业合作社中,出资总额在100万元以下的占82.29%。在全国已有的140万个各类农民专业协会大多经济和技

术力量弱小,且基层组织之间缺乏联合。其次,农民专业合作社的制度安排使其提供的服务具有部分公共物品特性和正外部性,排他性不强,容易产生"搭便车"现象。由于搭便车行为的存在,理性有限的农民就难以为实现自己利益最大化而采取一致行动。随着社员的增加,产生集体行动就越来越困难,因为在人数众多的集体内,要通过协商解决如何分担集体行动的成本十分不易,而且人数越多,人均收益就相应减少,搭便车的动机便越强烈,搭便车行为也越难以发现,必然导致效率降低。再次,组织农民专业合作社需要一定成本。当前我国农村人多资源少、农户经营规模小、农民兼业化程度高,将农户组织起来成立专业合作社的成本较高,同时专业合作社实行民主管理,尽管出资或者交易多的成员可附加表决权但非常有限;合作社的盈余主要按照成员与农民专业合作社的交易量(额)比例返还;合作社的决策机制和盈余分配机制决定了其效率要低于 IOF(投资者所有的企业)。因此,如果没有公共政策扶持,合作社或者难产,或者容易夭折、异化。(国鲁来,2006)要提高政府支农政策效率,增进社会福利和公平的需要。虽然我国已进入工业反哺农业阶段,但政府支农资源仍然很有限。那么,如何落实政府惠农支农政策,促进农业产业化经营,保持农产品市场均衡,迅速实现"加强农业基础,加快农村发展,促进农民增收"的帕罗托改进?对此政府可以选择支持建立一个接近完全竞争的市场,或者支持"公司+农户"模式中的龙头企业解决农产品市场均衡问题,或者扶持农民专业合作社,提高农民自身开拓市场的能力。路径一适用范围小、成本高,缺乏可行性。路径二具有一定带动农户的作用,但缺乏可持续性,因为公司与农户的目标函数不尽相同,并且由于两者信息不对称而导致"逆向选择"和"道德风险",不利于农产品市场供给和需求的持续均衡。而路径三中的农民专业合作社作为同类农产品生产者、同类型农业生产经营服务的提供者、利用者和完全自愿联合、民主管理的互助组织,是农户与企业(市场)之间的中介性组织。它掌握市场需求和农户生产两方面的信息,并代表众多农户直接参与价格谈判或市场竞争,有利于农产品市场供给和需求的均衡和持续增长。

(五)推动政府支农惠农政策的落实

从发达国家的经验看,推动政府的支农惠农政策落实的最佳载体是农民专业合作社,通过扶持合作社极大地提高了政府支农政策效率,有力带动了农业发展和农民增收。同时,合作社不仅是非营利性的经济联合体,还是人们追求社会公平的民主组织。知名学者牛若峰(2005)认为,政府可以而且能够利用合作社的潜力,协助政府实现社会发展目标,特别是消除贫困、创造充分有效的就业,促进社会融合,进而成为政府可以信赖和有效的合作伙伴。同时,政府因为合作社有助于社会公益和公平目标的实现而扶持合作社,为合作社的发展创造一个支持性和能动性的环境。在我国由单一的政府治理转变为政府与民间组织协同治理的进程中,农民专业合作社等形式是政府最重要的协商对象,实施协同治理的合作者。许多国家的实践表明,农民合作社能有效增加农民的就业和收入,缩小城乡差距。因此,政府为增进社会福利和公平就必然选择扶持农民专业合作社。

总之,农民专业合作社是解决"三农"问题的"重器"。我国农民专业合作社既有自身的弱质性,又处于发育的初级阶段,发展仍面临较多约束因素,同发达国家的农业合作社相比,在服务功能、组织规范、经济实力等方面都有很大的差距,没有政府的扶持很难参与激烈的市场竞争并有效地发挥其社会经济功能。一个经济组织的绩效既取决于组织内部的制度安排,也受制于微观组织制度安排与宏观制度与环境的相容性,其中,政府是影响经济组织制度创新的一个重要因素。从广义上说,政府即国家,而国家是一种在某个给定地区内对合法使用强制性手段具有垄断权的制度安排。这一制度安排对经济组织的制度安排构成重要的环境约束。一旦政府提供的制度发生变化,比如提供了更多的制度公共物品,降低了社会运行的交易费,清除了组织制度创新的原有政治风险,或者改变了社会激励结构,就意味着合作社的制度环境发生了变化,从而出现新的潜在收益,导致经济组织制度出现非均衡性,诱导或迫使合作社的制度变迁。

因此,政府应当努力优化合作社发展的外部环境。合作社与政府的关系因国情不同而存在明显差异。有的对待合作社与一般企业没有区别;有的主要以忠告、教育、调研等方式帮助合作社;有的对合作社在资金上直接支持,在政策上予以保护,合作社仍保持独立自主;有的对合作社进行全面支援,甚至完全控制合作社,合作社成为其政策实施的工具。西方发达国家多属于前三类,主要以间接干预的方式影响合作社的发展,而亚洲及广大发展中国家以后两类居多,多由政府投入大量人财物支持和主导合作社发展。由于发达国家和发展中国家对合作社的支持政策各有不同见解,其援助措施也各有不同。发展中国家政府对于合作社的援助主要包括减免税赋、贷款、赠款,协助合作社开展业务和合作教育等诸多方面,而发达国家政府的援助主要是税赋优惠和开展合作社教育。国际农业合作社联盟强调:农业合作社在世界食品生产、营销、加工和国际贸易中发挥着主导作用,各国政府特别是发展中国家的政府应当有权通过制定政策来扶持农业合作社,进一步为其提供良好的政策环境。当下我国农民专业合作社规模不大,组织成员数量较少,竞争力弱,且依托有关社会组织、专业大户成立的较多,成员异质性强。同时与发达国家相比较,合作领域和区域狭窄,跨区域合作较少,急需政府扶持,但政府应充分尊重农民愿望,决不能过度"热情"、过多干预,也不能任其自生自灭。政府应针对其发展中的需求,有选择地推进制度创新及环境优化,给予其恰当的支援和保护。(刘振伟,2004)

政府在制订和实施农民专业合作社扶持政策时,必须正确认识和理解其功能、原则和基本制度,对支持对象应该有所甄别,确保那些真正的合作社得到政府的特殊支持。制订的支持政策和措施应该以既能促进合作社的正常发展,又不改变合作社的组织原则和组织性质为出发点。同时不损害市场竞争的公平、公正,不损害市场经济秩序和其他经济组织的发展。新中国农民专业合作社发展始于1952年土地改革后。当时为了进一步巩固工农联盟,防止小农经济占主导地位的农村因两极分化而走向资本主义,并为工业化提供充足的商品粮、工业原料和建设资金,国家大力发展农村合作经济。我国农民专业合作社伴随20世纪50年代农业合作运动而产生和发展。当时的合作社法草案规划举办三种合作社,一种是工人和城市其他劳动人民的消费合作社,一种是农民的供销合作社,还有一种是城乡独立生产的手工业者及家庭手工业者的手工业生产合作社。

二、政府早期管理合作社存在的问题

(一)宏观制度环境层面和微观组织制度层面制度安排上的诸多缺陷

随着1951年中共中央关于开展农业生产互助合作运动和优先发展农业生产合作社方针的确立,合作社发展的重点转向了农业生产合作。延续至今的主要组织制度遗产有农村社区集体经济组织、农村供销合作社、信用合作社。

1951年土地改革完成后,中央作出《关于农业生产互助合作的决议》,其整体设计主要分三步：按自愿互利原则，号召农民几户或几十户组成互助组；在互助组的基础上，组建以土地入股和统一经营为特点的小型合作社（半社会主义性质的初级社）；在初级社的基础上组织大型的社会主义性质的合作社。

1953年，为与国家工业化相适应，农村合作化从发展互助组转变为发展初级社。1954年春，全国合作社达到9万个（含少量高级合作社），入社农户170万个。此后，在毛泽东的主导下加快农业合作化发展步伐，1956年年底全国入社农户达1.1亿户，基本完成农业生产高级合作化，每社平均200户左右。1957年冬和1958年春的农田水利建设高潮中，各地出现了联队、联社现象。基于当时兴修水利等需要，1958年3月，中共中央政治局成都会议《关于把小型的农业合作社适当地合并为大社的意见》指出："在有条件的地方，把小型的农业合作社有计划地适当地合并为大型的合作社是必要的。"会后各地开始并社。当年7月1日，《红旗》发表的《全新的社会，全新的人》提出"把一个合作社变成一个既有农业合作又有工业合作基层组织单位，实际上是农业和工业相结合的人民公社"。这是权威报刊首次出现"人民公社"的提法。当年8月，毛泽东视察河南新乡七里营人民公社，并在北戴河主持召开中共中央政治局扩大会议，通过《关于在农村建立人民公社问题的决议》，全国迅速形成了人民公社化运动的热潮。当年10月，全国74万多个农业生产合作社改组成2.6万多个人民公社，参加公社的农户有1.2亿户，占全国总农户的99%以上，全国农村基本实现人民公社化。（彭干梓，2002）由于当时以农业生产领域的合作为主体，农业产前和产后的专业性合作，如供销社、信用社虽有发展但影响较小，随后其"官办"色彩日益浓郁，失去合作制的性质。

1952年全国农村基层供销社达3.5万个，社员1.5亿人，入社农户占全国总农户的90%。此时其组织制度具有四个特点：社员以农民为主体，社员为主要服务对象，具有全国性的组织体系，分配采取股金分红与按交易额分红相结合。1958年人民公社化后，县级以上供销社与国营商业合并，基层供销社的资金、商品、人事、经营管理权全部交给公社，自身由合作所有转变为全民所有制，由民办变为公办，实行人员、工资下放，政策、计划、流动资金管理统一、财政任务包干。虽然1961年开始又与国营商业分开，肯定其民办性质，但"文革"时期再次改为全民所有制，基层供销社演变为"贫管会"的业务部。农村供销社于1980年开始体制改革，希望恢复组织上的群众性、管理上的民主性、经营上的灵活性，"还社于民"，把供销社真正办成农民群众的合作经济组织。但由于农产品流通主体日增,改革成效甚微,供销社发展遇到严峻考验,迫切需要进行制度创新。农村信用社在合作化运动初期也获得迅速发展,1957 年达到 8.8 万个,8006 个乡镇建立了信用社,存款余额达到 50 亿元。1958 年开始,农村信用社先后下放给人民公社、生产大队,由贫下中农管理。1979 年,国家把信用社交给银行管理,业务虽然得到了加强却改变了其群众性和合作性,使其失去了自主权和为农民服务的方向。(赵佳荣,2006)

综观我国计划经济时期农民专业合作社的发展历程,变异问题始终存在:政府行政力量向其内部扩散,甚至对其进行完全的行政控制,致使其偏离合作社的基本原则,丧失应有的组织功能。(刘纯阳,2003)政府扶持农民专业合作社的经验教训值得后人深刻思考。在宪法层面明确对合作经济及其个人产权予以保护是规范政府与合作社关系的前提。

国际合作社联盟曾向各国政府建议:在宪法中明确合作社的地位和重要性,确立政府与合作社为合作伙伴关系。实际上,各种社会经济关系解决不好,都能从宪法结构中找到原因。我国在发动农村合作化运动时,具有宪法意义的《共同纲领》对此没有规定。1954 年宪法则提出:"合作社经济是劳动群众集体所有制的社会主义经济或劳动群众部分集体所有制的半社会主义经济"。后来 1975 年、1978 年、1982 年的宪法都把合作经济称为集体经济,这种混淆合作经济和集体经济本质区别的界定是导致日后合作化运动的目标盯在加速集体化上的根本原因。其实,合作经济与集体经济是有实质区别的两个概念。合作经济的本质是交易的联合,它承认私人产权。传统集体经济的本质特征是财产的合并,它否认私人产权,简单地把公有化程度看做社会形态发展的指标,认为私有是资本主义,集体所有是半社会主义,全民所有是社会主义,忽视农户的独立产权和经营自主权。在农业生产合作社发展过程中,这种思想直接催生了 1958 年"人民公社""公共食堂"等极端的制度安排,农村社会除了合作社,不存在其他生产经营主体,自留地、家庭副业全部被当做资本主义批判。特别在人民公社时期,以过渡升级、社队合并的"共产风",造成了产权不清和思想混乱,社员、合作社雇员、国家干部身份混淆,农户名义上是合作社的成员,实际上并不享有股东社员权利,没有家庭经营权,完全失去了主人地位,以致成员对集体资产和生产成效漠不关心。

与许多社会主义国家一样,我国农村基层供销社和信用社绩效不理想的核心症结是产权不清、体制不顺。从资本结构来看,"两社"产权的性质不清楚,既非集体产权,因为其中有国家的资金扶持及其相应的增值,又非社员所有,因为社员股金对具体入股人来讲并非资本金。尽管从理论上讲,合作社的资产是以当初入社农民的原始资金为基础发展起来的,但要量化到每个社员却十分困难。因此,在分配红利时只计算社员的原始股金而不计算其增值部分,也就难以让农民社员真正关心合作社。同时,体制不顺也严重影响了其发展。合作社体制按行政区划设置,从总社到基层社都有明确的行政级别,具有强烈的政府体制色彩;各级联合社理事会主任由政府主管部门任命,均为政府官员出身;虽然部分基层社理事会和监事会由社员选举产生,但经营权实际控制在县联合社;合作社既是政府的职能管理部门,又是经营企业。这种政企合一、职能和性质定位模糊的体制加大了组织的运行成本,降低了经营效率。我国农村供销社和信用社产权不清、体制不顺的根本原因在于政府与合作社的关系定位存在严重错误。合作经济是建立在劳动者个人产权私有基础上的约定共营经济。合作社是按公认的合作制原则建立的劳动者联合自助组织,是其成员在联合领域内共同利益的代表机构。但长期以来理论认识上的模糊,导致了政府与合作社关系失调,由此导致了合作化宏观制度环境层面和微观组织制度层面制度安排上诸多缺陷和绩效低下的苦果。

(二)政府对合作社的干预指导失范

合作社是农民自愿联合起来的组织,合作社采取承认私有产权的合作所有制,这种财产关系表明社员才是合作社的主人,合作社必须代表社员利益,政府不得干预合作社内部事务。这是合作社受到农民欢迎而不断发展壮大的前提。政府作为合作社的伙伴关系,主要职责是通过推进立法和严格执法,为其提供外部的法律政策环境,规范市场主体和合作社相关利益主体的关系,以各种方式给予资助、扶持和发展,及时试点示范,总结经验教训,促进合作社发展,而不搞群众运动,不干预合作社内部经营。但在声势浩大的农业合作化运动时期,中央政府没有制定一部合作社的专门法规,仅随意通过政策把行政上的上级指挥下级的关系嫁接到合作组织,由政府任命合作社的干部,直接干预合作社的内部经营管理,甚至造成下级合作组织服从上级合作组织,合作组织服从联合组织,这完全颠倒了社员是合作社的主人,合作社是联合社的主人的正常关系。

在整个计划经济时期,政府的行政力量向其内部扩散,甚至对其进行完全的行政控制。特别在人民公社时期,公社实行"政社合一",代行乡政府职能,人民公社与生产大队、生产队的经济关系,从而衍生出人民公社、生产大队、生产队之间的准行政关系,逐级服从上级的行政命令,甚至于衍生出上级对下级的资产拥有、调配关系。这种"政社合一"的体制为政府直接干预合作社内部事务提供了便利,导致了"下级服从上级"的行政规则在公社的经济生活中蔓延,而社员的经济利益被放在了从属的地位。这也为其间发生的在社队之间土地、家畜、劳动力"一平二调"创造了制度基础。全面统一的经济计划指标,自上而下分解"统购统销"任务,使各类合作社失去了独立的经营自主权,进而导致合作社忽视对其成员的经济责任。因为计划经济指标往往集中地反映了国家发展的主要经济指标,国家指令性计划就是法律,合作社的发展要服从于国家计划,同时又要满足社员的生活需要,但为了完成上级的"统购统销"任务,合作社必然忽视农户的独立产权和经营自主权,放弃或损失社员利益。尤其是在"一刀切""浮夸风"盛行的年代,尽管国家三令五申强调保护合作社利益,实际上在许多地方,合作社本身已失去了独立的经营自主权,社员利益也就更无法得到保护。(刘登高,2006)

在农村基层供销社和信用社发展中,其联合社成为支配成员社的领导机构,而联合社的领导都由政府组织部门任免,有时政府还把合作社变成城市居民、国家干部、转业军人的就业安置渠道,社员等额选举权、被选举权被忽略,基层社社员的主人地位不断被淡化,民主决策、民主选举形同虚设。不经社员讨论决议,随意宣布取消社员股金,不经清算财产简单退还社员股金,社员对合作社的产权受到严重侵犯。总之,供销社、信用社之所以异化,日益失去合作社的本色,其根本原因在于政府干预不当,社员、合作社、政府之间产权关系模糊不清。

(三)政府对合作社经济扶持严重不足

政府对合作社经济扶持严重不足。通过减免税收、财政补贴等各种方式资助合作社发展是世界各国的成功经验。市场经济发达国家的实践也表明成气候的合作经济都需要国家财力资助。坚持"国家支援合作社"的原则是马克思主义合作经济理论的基本观点。马克思主义经典作家认为:合作社制度需要一定阶级的财政支持才会产生;社会必须为小农提供物质帮助,以诱导小农接受合作社制度。列宁曾指出:"每个社会制度之产生,都必须有一定阶级的财政协助,我们所应当特别协助的社会制度,就是合作社制度","我们并不是协助随便的一种合作社的周转,而是要协助有真正民众切实参加的合作社的周转,奖赏参加合作社周转的农民,但同时应当检查这种参加的情形,检查这种参加的自觉性和质量。这是问题的关键所在"。1958 年以前,我国在发展合作经济时较好地坚持了"国家支援"的原则。政府在资金等方面给予供销社大力扶持,如新中国建立初期国家和地方政府拨付资金就达 1.4 亿元,央行提供贷款的利率较国营商业低,对新成立的合作社一年内免征所得税等,同时国营商业在货源上优先照顾,在价格上予以优待,极大地促进了供销社的发展。但在整个计划经济时期,我国政府给予农民合作社财政、税收和金融扶持应当说是严重不足的。后来与许多宣称奉行马克思主义的社会主义国家一样,在"大跃进"和"文革"时合作社非但没有得到国家的物质帮助,反而把合作社多年的积累平调为国家财产,成为国家抽取农业剩余的一条捷径,导致合作社事业发展严重受挫。这与马克思主义经典作家的合作化理论大相径庭。

(四)政府推动合作制度变迁模式错误

政府推动合作制度变迁必须尊重农民的主体地位,实行诱致性渐进式变迁。在发展农业生产合作社过程中,土地入股、农具入社、家畜入社等事宜都必须尊重农民在制度变迁中的主体地位,政府只能对合作社予以鼓励和引导,而不能强制干预合作社的制度变迁。同样,随着生产的发展,专业化、社会化程度日益提高,核心生产环节不断简化,产前产后服务内容日益丰富,入社农民迫切要求产前产后服务由跨地区和全国性的联合社来组织承担。这也只能由政府引导合作社按照自愿的原则按经济区域、产品项目等实行逐层次的联合,而不宜由政府仅以行政区划为依据强制组织联合社。但在 1955 年下半年至 1956 年底的农业社会主义改造第三个阶段,也就是农业合作化运动发展最迅猛的时候。中共中央通过召开省(市、区)党委书记会议,毛泽东在会议上作了《关于农业合作化问题》的报告,严厉批评邓子恢等人的"右倾"错误后,对合作化的速度提出新的要求。随后的中共中央在北京召开的七届六中全会就通过了《关于农业合作化问题的决议》,要求到 1958 年春在全国大多数地方基本上普及初级农业生产合作社,实现半社会主义合作化。会后,农业合作化运动迅速发展,仅用了 3 个月左右的时间就在全国基本实现了农业合作化。到 1956 年底,参加高级社的达到农户总数的 87.8%,完成了由农民个体所有制到社会主义集体所有制的突变。更令人匪夷所思的是,1958 年 8 月,中共中央作出《关于在农村建立人民公社问题的决议》后,人民公社化运动急剧升温,同年 10 月底全国就组建了 2.6 万多个人民公社,有 1.2 亿农户参加公社,占全国农户的 99％以上,全国农村基本上实现人民公社化。同时,农村供销社、信用社的制度变迁也均为自上而下的政府强制性行为,而非诱发性变迁,以致与农村基本经济制度变迁的路径相悖。

三、政府政策法规上扶持农民专业合作组织的策略

就我国而言,政府在农民专业合作社外部环境优化中的首要任务是完善政治和法律制度。随着我国社会主义市场经济的发展,农民专业合作社应运而生,但仍处在初始发育阶段,经济技术实力还相当弱小,成长尚面临着许多方面的困难。2005 年孔祥智、张小林、庞晓鹏、马九杰基于陕、宁、川农民专业合作组织的研究,以及姜长云对全国各地农民专业合作经济组织发展态势的比较研究表明,影响其发展的关键因素是法律和社会发展环境,很大程度受到政府重视程度、区域文化、商业传统等影响。可见,农民专业合作社发展面临的许多问题需要全社会特别是政府予以关注,而政治和法律制度环境的改善责无旁贷,对于提高绩效具有显著效应。政府作为“第一推动力”在农民专业合作社发展和绩效改善所需的政治和法律制度环境优化负首要责任。当然,政治和法律制度环境的改善是一项浩大的系统工程,不可能一蹴而就,各级政府应讲究策略,加强协同,辨证施治。

(一)加快地方和行业配套法规的制定和完善

2006 年我国颁布了《农民专业合作社法》,这无疑是一个重要的里程碑。但随着社会经济和农民专业合作社的迅速发展,其存在不足也在所难免。同时,在《农民专业合作社法》实施几年来,许多地方配套法规并没有及时跟进,地方法规与国家法律缺乏紧密衔接的具体规定,制约了农民专业合作社的发展。如,在工商管理“企业法人”注册类型中没有单独设立合作社法人,习惯将其归于集体企业,混淆了两者的本质区别,更为严重的是对农民专业合作社的识别缺乏法律规制。在现实中,合作社的核心制度和基本原则不断被突破,内部制度安排千差万别,因此,世界上许多国家在合作社立法中对合作社的识别均有明确而细致的规定,如加拿大在 1999 年新颁布的合作社法等。我国由于缺乏这方面法律的规制,导致政府一些部门产生设租和寻租行为,

一些非合作社性质的企业和组织"翻牌"伪装成为专业合作社,轻易获得政府的资助,得到信贷资金支持,真正的农民专业合作社因此而受到伤害,以致合作社的行为很不规范,政府的扶持政策没有取得应有效果。(杜吟棠,2008)因此,在全面修订《农民专业合作社法》之前,各地应根据实际情况,加快其地方配套法规的立法步伐,既弥补现有《农民专业合作社法》不足,又为其修订完善有关条款和构建完善的专业合作社法规做好准备。

同时,中央政府有关部门也可对合作社不同的运行模式与环节分别作出行政规制,或者对民法、商法中针对专业合作社提出附属法律条款,如对合作社运行中的销售、贷款、审计监督、赋税等问题的具体规范。农民的资金互助是农民合作的重要内容,《农民专业合作社法》没有对金融合作进行法律规范,当时在其特定背景下有特定原因,但当下应深入进行合作社金融业务法律规制的研究,尽快制定有关的配套法律条款,对农民专业合作社建立规范的有充分监督的互助金融的权利和责任作出明确界定。同时结合农村金融体制改革,积极准备制订专门的农村信用合作社法案,对农民专业合作社信贷抵押担保、信誉担保制度、政府与信用合作社的关系予以规制,明确政府干预的范围、程序,以确保合作社独立地自主经营。

基于《农民专业合作社法》实施的实际情况,制定《农民专业合作社销售法规》等有关专项法规,对与农民专业合作社发展密切相关的《合同法》《税法》等法规进行必要的修改或进行新的法律解释,对涉及农民专业合作社业务作出新的规定;建立完善土地流转、农产品质量标准等涉及农民专业合作社发展的相关法律制度,为农民专业合作社发展解除障碍;加强农村基层党组织、村民自治组织、集体经济组织的关系规范与协调;必须结合乡村治理机制的创新,制订关于调整和规范合作社与农村基层党组织、村民自治组织、集体经济组织的关系的专门法规。

(二)适时完善《农民专业合作社法》和相关法律

《农民专业合作社法》作为我国农民合作社的基本法,无疑具有举足轻重的地位,虽然该法创新性、针对性和操作性强,自实施以来发挥了重大作用,但难免存在不足,需要在以下方面改进和完善。

1. 对其团体成员过于严格的限制予以松绑

由于该法规定只有"从事与农民专业合作社业务直接有关的生产经营活动"并且"能够利用农民专业合作社提供的服务"的企业或者团体才可以成为

团体成员。许多有资金和技术也愿意投资的企业,因以前从未从事与合作社有关的生产经营活动,就不可能成为团体成员。如果为了确保合作社不被资本控制,保持其"农民合作"的纯粹性,完全可以通过限制资本的投票和收益权、非农民成员的数量来解决,不宜在团体成员资格上作如此限制。

2. 对合作社的资本金应作明确规制

为了吸引更多的农民加入和促进合作社发展,该法对于农民入社以及合作社成立的条件宽松,对合作社法人设立没有最低资本金的限制,只要求合作社章程规定成员的出资额。这固然可以降低其设立门槛,便于农民组织合作社,但由于国家财政补助、捐赠等来源相对较少,最重要的财产还是来自成员的出资,这必然产生许多资本金过少的合作社难以参与市场经济活动,保障自身的交易安全。因此,在适当放宽设立条件的同时,规定其最低资本金限额是非常合理和必要的。

3. 对合作社联社作出相关规定

作为规范我国农民专业合作社的基本法,对于某些制度即使现阶段不能具体化,但至少应有原则规定,为将来修缮该法留下空间。合作社有一定的地域和成员范围,相同性质和经营范围的合作社,或者不同的合作社之间都有联合的必要。联合社作为合作社之间的联合,可以起到指导、协调、服务和监督基层合作社及其下级联合社的作用,也能更好地实现为"三农"服务的社会功能,然而该法对此没有原则规定,必须改进。

(三)完善合作社培训、教育以及社区服务方面的规定

关注社区、重视对成员的教育培训一直是国际合作社原则,但该法对合作社在先进农业科技、劳动技能的推广、新型农民教育培训等职责没有规定,因此,应该对此作出明确要求。对合作社产权规制要进一步完善,如社员对于其份额处分的规定不应缺失。社员权益可分为自益权和公益权,前者如与合作社交易的权利、获得盈余分配的权利,后者如投票权、选举权与被选举权。对于成员权,成员是否可以转让、出租、继承,法律应作出规定。由于成员入社时间越长,其账户中的积累就越多,相应按照账户记载的积累金额分配的利益也越多。不同的账户记载的积累金额实际上就是成员的一项财产,他有权自己处分,同样也应该允许继承。虽然合作社的"人合"性质也要求对成员份额转让作出一定限制,但不能完全缺失,否则必然导致成员在处理自己的成员资格时无所适从,难以为当事人作出行为指引。(宋刚,马俊驹,等,2007)

(四)在宪法中对合作经济的规制进一步规范和明确

宪法的规制能深刻影响农民合作社制度创新的预期成本和利益,进而影响对其新制度安排的需求和制度的供给,因为它可以直接影响创新主体进入政治体系的成本和建立制度的难易程度,同时为制度安排规定选择空间,影响制度变迁的进程和方式。(罗必良,2000)各种社会经济问题好不好解决都能从宪法结构中找到原因。我国宪法对合作经济与集体经济这两个有实质区别的范畴未作区分,影响了对合作经济和农民专业合作社的准确定位,不利于农民专业合作社配套法规的供给。

合作经济的本质是交易的联合,它承认私人产权;传统集体经济的本质特征是财产的合并,它否认私人产权。(牛若峰,2005)而我国从学界到政界可谓一直受"集体经济"和"合作经济"如何定性的困扰。这可以从1982年以后的中共中央的五个1号文件的有关文本中看出端倪。1983年和1985年中共中央1号文件把当时的人民公社下设的生产大队和生产队称为"劳动群众集体所有制的合作经济";1984年的1号文件的提法是:"政社分设以后,一般应设立以土地公有制为基础的地区性合作经济组织";1987年1号文件将"地区性合作经济组织"改为"乡、村合作组织",以与当时大量出现的农民专业合作经济组织区别。

实际上,"集体经济"和"合作经济"作为两种不同的制度安排,在当下的学术界已成为共识。所幸的是,1991年中共十三届八中全会作出的《中共中央关于进一步加强农业和农村工作的决定》和1993年《中华人民共和国农业法》先后把"乡村合作经济组织"规范地称为"乡村集体经济组织"和"农业集体经济组织或乡农民集体经济组织和村农业集体经济组织"。这表明中央对改革后我国农村社区性经济组织性质的认定已非常清楚,也表示对现行宪法第八条等条款予以修正条件逐步成熟。(傅晨,2005)显然,政府在推动国家宪法和有关农民专业合作社法律的完善中具有重要责任和作用。

四、政府经济上扶持农民专业合作组织的策略

郭红东等(2009)在对浙江319家农民专业合作社调查研究的基础上,对影响农民专业合作社成长的因素进行实证分析的结论表明,合作社的物质资

本资源影响最大,组织资本资源影响也较大。农民专业合作社是农民的自我服务组织,通过在经济上扶持合作社对农业进行保护是世界较为普遍的做法。因此,我国《农民专业合作社法》明确规定:"国家通过财政支持、税收优惠和金融、科技、人才的扶持以及产业政策引导等措施,促进农民专业合作社的发展。"但这些规制都是原则性的,而各地的情况千差万别,各级政府在支持农民专业合作社必须因地制宜采取切实可行的政策措施。

政府对于农民专业合作社的扶持主要是使用各种政策工具,改善合作社的外部市场环境、提升合作社为社员提供服务的自助能力和合作社的市场竞争力,促进市场的充分竞争,而不是代替合作社参与市场竞争。国内外的经验表明,任何以政府资金扶持来代替合作社自助能力提升的行为,其后果都是使合作社的发展过度依赖于政府的外援,最终造成合作社的异化、无法独立发展,乃至蜕变为官营机构。

由于处于初期阶段,目前我国农民专业合作社的资金来源主要以农民自筹为主,存在严重的资金约束,限制了合作社的事业规模,导致在农产品标准化生产、市场开拓等方面与专业化的大公司差距太大。由于没有一定规模的财产作为抵押,交易中承诺的可信度低,履行合同义务的可约束性很脆弱。因此,商业资信低下,很难从事大规模的销售活动;不能构建自己的标准化生产体系和销售网络,很难向农户提供有效的信息和技术服务,难以单独拓展市场。因此,政府应重点对其加强金融、财政等方面的支持。

(一)金融扶持策略

虽然政府的财政资金可以支持农民专业合作社发展,但政府的财力毕竟有限,不可能使财政资金成为解决农民专业合作组织资金问题的主要手段。要从根本上解决资金问题,应免征营业税,免征其收入所得税;销售社员农产品收入则免征增值税;对其社员的股息、红利等资金收益也应免征个人所得税。应当利用减免营业税、所得税、设备进口税或出口全额退税等优惠政策,引导其开展农产品加工和出口业务,以增强其市场竞争能力。地方政府应根据国家有关农民专业合作社的税收优惠政策,在地方税的范围内积极实施,如采取低税率政策或免征所得税等给予最大限度的税收优惠,支持其发展。

(二)风险化解策略

我国农村自然灾害损失十分严重,农业保险薄弱导致农民专业合作社无法从外界获得帮助来规避风险,阻碍了其投资和规模的扩大。化解农业风险是促进农业和农民专业合作社发展的手段。农业保险一般都是以政策性保险为主,并实行自愿保险与强制保险相结合。农业保险的政策性定位决定了农业保险需要政府介入,但目前我国政府介入农户的农业保险十分困难。由于只有一定规模的专业农户才有较强的投保意识和农业保险购买能力,而提高农户专业化和规模化水平并非一朝一夕就能解决。因此,政府提高保费补贴也就成为确保绝大多数"小农"参保的必然选择。这种补贴既要使广大农户有足够的保险购买力水平,还必须使农户对购买农业保险有良好预期。显然,我国政府的财力是无法做到的,即使能够做到,这种财政投入结构的安全性和经济性也是令人担忧的。同时,农业风险的高赔付率使得商业保险公司不愿意直接经营农业保险业务。只有政府的优惠政策使农业保险的利润率与公司其他财险的利润率基本持平时,商业保险公司才有动力开办农业保险业务,而政府当前对商业保险公司的财政补贴是有限的。要达到这一目标,不仅政府会面临极大的财政压力,还将面临一系列严重的道德风险。

因此,借鉴日本农业保险发展经验,选择以农民专业合作社为依托实施农业保险势在必行。即在我国政策性农业保险的基本框架内,由政府主导,建立起基于农民专业合作社与商业保险公司的"股份制联合体"政策性农业保险模式。这种由商业保险公司控股、农民专业合作社参股的"股份制联合体"在具体经营农业保险业务时,政府除了对商业保险公司提供一定的支持以外,对农户的保费补贴等措施不再直接面向广大分散的农户,而是面向农户所在的农民专业合作社,引导和帮助其建立农业生产经营风险防范基金等风险防范机制,按损失的一定比例给予社员补贴。商业保险公司承保的对象也不再是单个的农户而是农民专业合作社。

由于农业风险发生地域相对集中,普通保险所遵循的大数原理难以使资金主要来源于成本较高的定期储蓄存款,经营结果表现为资产质量低、不良资产比例非常高、经营亏损相当严重。其改革必须从内部和外部两方面入手,在内部应着力组建真正的信用合作组织。那么,怎样逐步发展农民合作金融来解决合作社和社员经营资金困难呢?从我国的实际看,必须在已建立的农民专业合作社基础上,根据社员的资金需求,逐步建立起经过银监会批准、工商部门登记注册的、农民专业合作社与农村资金互助社合二为一的内生型农村资金互助合作组织。同时把用财政扶贫资金建立的"贫困村发展资金互助协会"依法改造成规范的农村资金互助社,避免重蹈过去农村基金会的覆辙。这种内生性的农民资金互助合作组织建立后，如果贷款资金不足，可以根据银监会《农村资金互助社管理暂行规定》向其他银行业金融机构融入资金或接受社会捐赠作为资金补偿。经济发达的地区财政还可以把扶持农民专业合作社的专项资金作为农民资金互助社的资本公积金，用于社员间的借贷和量化为每个社员的平均股份，作为盈余分配的依据。（武东铁，2007）

（三）财政支持策略

发展农民专业合作社是国家建设新农村大局的需要，政府给予财政支持是必要的。当下国家财政部给予其直接扶持的农民专业合作社扶持资金一般为20万元，农业部为10万元，省一级政府大约3万元，到市、县一级政府也就大约1万元，且效果并不理想。为了提高财政援助资金的使用效率，维护市场竞争的公平和公正，激励合作社有效发挥作用，减轻社会负担，政府财政资金的援助对象应该是严格依照合作社法建立的农民专业合作社。农民专业合作社资金按用途可分为经营资金和非经营性费用，后者包括人员的教育、培训和合作社知识的普及、推广等方面的开支。政府财政资金的直接支持原则上应限于合作社解决非经营性费用困难。之所以强调对上述项目实施财政赠款支持，主要是因为合作社的经济实力大都较弱，面对激烈的市场竞争和由此而来的生存压力，有限的资金可能更多地用在可以使自己尽快做强、做大的经营方面，对于不能产生立竿见影效果的科技培训和合作教育等往往无力顾及。因此，政府有必要以赠款的方式帮助其解决这些事关合作社长远发展的问题。这既能快速提高合作社市场竞争能力，又不致伤害合作社的自主和自立，保持合作社本质不变。

在财力充足的情况下，各级政府可以在适当集中财力、保证上述重点的基础上，扩大财政资助范围、对象和力度。如，县级以上财政部门每年可在年度财政预算中设立专项资金，重点用于对符合国家产业政策的投资开发项目的运营给予无偿补贴，对合作社运营成本予以补助，对运营达标的给予奖励，扶持农民专业合作社开展国际交流等；在良种引进、购置设备、农产品质量标准与认证、农业生产基础设施建设、农产品品牌创建、市场营销和信息服务等方面予以资金支持；对民族地区、边远地区、贫困地区的农民专业合作社和生产国家与社会急需的重要农产品的专业合作社给予贷款贴息，扶持其开展标准化生产和产品加工。专项资金实行项目制运作。专项资金主管部门可先将资金分成教育培训、技术推广、示范基地建设、加工项目、贷款贴息、贫困地区扶持、特色农产品扶持等，在各项目下根据现实需要、地区、扶持期长短等设立项目细类。符合项目要求的农民专业合作社可申请资金扶持，由其负责审批。专项资金管理部门严格依照程序审批和监管，保证资金分配、项目效益及资金管理紧密挂钩，避免基层财政部门挤占、截留、挪用项目资金。

同时专项资金管理部门也自觉接受专业审计和群众监督，杜绝违法乱纪现象，使项目资金切实用在关键性环节上并取得效益。大多数项目应坚持"普惠制"原则，即项目指南发布后，所有符合条件的合作社都可以在规定的时间内进行申请，专家评审通过后即可给予资助。这可以使大量处于发展初级阶段、相对弱小的合作社也有机会得到政府财政的支持。如果采取重点资助制度则可能造成"垒大户"的后果。实施"普惠制"的项目可依据财力大小而决定项目资金的多少，市县两级财政的专项资金可从数千元到数万元不等，支持合作社的数量也可以根据财力进行选择。"普惠制"既符合我国国情，也是 WTO 框架下政府支持农业发展的一般原则和通用制度，其效果已经被许多国家和地区所证明。

(四)税收优惠策略

尽快完善税收减免的政策机制。美国 19 世纪末政府豁免了合作社的全部税赋；意大利合作社免缴不动产税；德国对合作社用税后利润进行投资的部分免征所得税。我国可以参照国际经验依据本国国情考虑税收优惠的具体标准。我国《农民专业合作社法》明确规定"农民专业合作社享受国家规定的对农业生产、加工、流通、服务和其他涉农经济活动相应的税收优惠"。中央政府应根据各地成功的税收优惠政策，统一制定专门的税收优惠政策，建立专门的农民专业合作社税收体系，对于新成立的农民专业合作社三年内免征各种税等，从而鼓励农民自发成立专业合作社。基于合作社为农业生产产前、产中、产后提供的技术服务等具有部分公共物合作社的资金困难，必须在政策上支持和鼓励农民发展自己的信贷合作组织。从发达国家的经验来看，合作社的经营资金不宜通过政府财政拨款来解决，而应尽可能地采取贷款的办法来支持，其中信贷合作是解决合作社经营资金问题的重要手段。以贷款的方式解决合作社经营资金问题可以激励合作社的自主和自立，避免产生政策依赖。过多通过政府财政拨款既不现实，也很难避免政府对合作社内部事务的干预。

在目前的农村信贷体制下,我国农民专业合作社获得的金融服务是十分有限的,在紧缩银根时,其信贷更容易受到压缩。政府应鼓励国家政策性金融机构和商业性金融机构采取多种形式和渠道为农民专业合作社提供无息、低息、减息、长期等优惠贷款等金融服务。各级政府可根据财力每年安排一定数量的财政资金作为农民专业合作社的贷款贴息,实行低息贷款,或由政府担保贷款。

一方面要把对农民专业合作社的信贷业务纳入农业发展银行的业务范围,并作为重要业务,鼓励商业银行(信用社)为其提供生产经营、设施投资等金融服务,特别重要的是,对制度健全、绩效良好的专业合作社积极试行流动资金贷款的信誉担保制度,并逐步扩大信誉担保范围及贷款额度。

另一方面,从长远的角度看,应大力发展农村合作金融。农民合作金融组织具有其他金融机构无可比拟的优势,如信息对称、低交易成本等。鼓励农民开展信贷合作不仅符合合作社的自助理念,也符合市场经济发展的要求,还可以减轻政府的财政负担,更好地满足农民专业合作社发展中的资金需求。这在日本已有成功的先例,日本农业合作组织"农协",其经营的业务就包括农民生产生活资料的供应、农产品收购、农业信贷等方面。由于农业利益比较低,专业合作社获利空间小,有条件的专业合作社开展信用业务可稳定地增加收入,确保合作社正常运行。

目前我国真正具有农民合作性质的金融机构并不多,专业合作社及农民社员难以利用合作金融来满足自己的资金需求。何广文(2007)在调研中发现,农民自发组织的资金互助社较多的是依靠血缘、地缘和人脉关系维系的非正式"网络"而存在的,即使是按照银监会新的规范转化成注册的、正式的银行类金融组织,在一个相当长的时期内也仍然难以摆脱这个"网络"的束缚。正是这个"网络"的存在降低了社区内其他非"网络"农户参与的积极性,其业务也就只能在一定"网络"规模内自循环。这是其难以维系或者进一步发展壮大的根本原因。专家认为,中国农村信用合作社的经营效率呈现出高成本、低收益的形势,其组织合作社后,因为社员普遍缺乏合作知识、不具备基本的民主参与能力,容易使普遍具有异质性的专业合作社走向极端"功利主义"。二是合作社骨干人才不足的约束。合作经济比个体经济复杂得多,兴办专业合作社的牵头人不仅要有专门的经验与技术,而且要善于经营与管理、乐于奉献,在当地具有较高的威信。由于缺乏高素质的牵头人,有的地区大多数农民专业合作社只能依靠龙头企业、政府技术部门、供销社派人担当。

总之,缺少较高文化素质的合作经济主体——农民及其合作社带头人,无疑已成为严重制约我国农民专业合作社发展的老大难问题。为破解这一难题,政府应十分重视农民专业合作社文化建设的方略选择。

五、政府对合作社教育的策略

农民专业合作社的"带头人"是资本资源和企业家才能等关键要素的所有者和组织的灵魂,他们的办社理念和追求会极大地影响农民专业合作社的组织认定,其素质能力直接影响着合作社的创建和健康发展。而目前对他们的培训、教育体系并不健全,全国很少有高校设置合作经济专业,也缺乏一支具有较高理论和实践水平的师资队伍。我国应学习借鉴韩国政府的经验,支持农协组织把教育培训事业作为核心事业,建立覆盖广大合作组织、功能齐全的农民教育培训体系。韩国 1962 年就建立了农协大学,目前形成了以农协大学、农协中央教育院等为骨干,各地教育院、新农民技术大学和农业经营技术支援团等为分支的教育培训体系,承担了农协组织骨干的培训任务。教育院主要担负各级农协骨干和农协中央会职员的经常性培训,农协大学主要培训农协会员、农协工作人员及其子女,常年设有农协会员班、农协工作人员班、农业科技班、农产品营销班等。农协开展教育培训以短期培训为主,内容与教育对象的实际需要紧密结合,直接服务于农业生产和农产品销售,教学方法注重讨论、交流和经验介绍,农协大学培养的毕业生 86%都充实到农协中央会和基层农协。(张红云,2009)因此,我国政府对农民专业合作社骨干培训应作为工作的重中之重,将其带头人的培训纳入"阳光工程"。要依托全国农业院校大力发展合作教育课程体系,为各类合作社培训管理人才,加快提升现有农民专业合作社负责人的经营管理和思想政治素质,注重农民专业合作社后备人才的培养,以提升农民专业合作社的竞争能力。

(一)结合新型职业农民培养,优化合作文化及社会环境

农民社会地位低是农村劳动力离开农业的重要原因,因此给农民充分的社会尊重和应有的社会地位是新型职业农民成长的社会环境。同时,职业农民应该接受全面的农业教育,而不是片面的农业教育。需要专门的培训机构针对职业农民的需求,制订培训方案,为职业农民提高自身素质提供有效的

培训与教育服务。2012 年的中央 1 号文件首次提出"大力培养新型职业农民",引起社会广泛的关注和热议。

新型职业农民首先是农民。从职业意义上看,所谓农民是指长期居住在农村社区,并以土地等农业生产资料长期从事农业生产的劳动者。农民要符合四个条件:一是占有(或长期使用)一定数量的生产性耕地;二是大部分时间从事农业劳动;三是经济收入主要来源于农业生产和农业经营;四是长期居住在农村社区。职业农民也必须符合这些条件,与非农民区分开来。

与传统农民、兼业农民不同,新型职业农民除了符合农民的一般条件,还必须具备三个条件:一是新型职业农民是市场主体。传统农民主要追求维持生计,而新型职业农民则充分地进入市场,并利用一切可能的选择使报酬最大化,一般具有较高的收入。二是新型职业农民具有高度的稳定性,把务农作为终身职业,而且后继有人。稳定性是农业对从业者的基本要求,以区别于对农业的短期行为。三是新型职业农民具有高度的社会责任感和现代观念,新型职业农民不仅有文化、懂技术、会经营,还要求其行为对生态、环境、社会和后人承担责任。

新型职业农民的成长需要特定的社会环境,就目前而言,为促进职业农民的成长,迫切需要提供以下四个方面的社会环境条件。

第一,确立土地流转和稳定的土地使用权制度。只有进一步完善土地承包制度,确立土地承包关系长久不变的法律地位、在此基础上通过土地流转,实现适度规模经营,营造职业农民存在和生长的法律环境。

第二,构建尊重农民的社会氛围。农民社会地位低是农村劳动力离开农业的重要原因。因此给农民充分的社会尊重和应有的社会地位是新型职业农民成长的社会环境。

第三,营造良好的学习氛围。组织文化是社会文化的重要组成部分,是一般意识形态在组织运行中的个性体现。合作社"三重绩效"评价应结合农民专业合作社当下的发展情况,建立科学合理的绩效评价指标体系和绩效评价模型,在此基础上予以充分激励,以引导农民专业合作社健康持续发展。职业农民应该接受全面的农业教育,而不是片面的农业教育。需要专门的培训机构针对职业农民的需求,制订培训方案,为职业农民提高自身素质提供有效的培训与教育服务。

第四,营造城乡一体化要素流动的环境。新型职业农民来源可以是多元化的,要彻底打破城乡二元结构壁垒,鼓励农村劳动力进城务工成为新的城市市民的同时,也要鼓励城镇人才到农村经营农业成为新型职业农民,真正实现城乡人才双向流动。

(二)加强对农民专业合作社的监管

目前农民专业合作社的财务管理不够规范,应尽快加强其财务审计,重点应对有政府财政支持和贷款支持的农民专业合作社必须全程监督。通过财务监督,掌握财政扶持资金及信贷资金的使用情况;通过工商行政监督手段,对经营不规范的合作社责令其整改。对合作社生产的产品加强质量监督,形成社员、主管部门、投资主体和相关政府工商、财政、审计机构的全程监督。同时,开通监督举报电话,对外部向农民专业合作组织乱摊派、索要等向合作社寻租的不法行为给予有效打击。

(三)通过产业政策调整有效引导农民专业合作社健康发展

市场规模是影响制度需求的重要因素,市场规模的扩大可使一些与规模经济相适应的制度安排得以建立,使制度运行成本大大降低。如果农民专业合作社产品经营市场规模扩大,合作社就可以通过扩大交易收回经营成本,从而提高经营绩效。目前,国家垄断一些大宗农产品的收购体制和农用种子、化肥等专营制度,限制了农民专业合作社在这类物资购销领域合法涉足的权利,从而影响了农民生产的商品化程度,削弱了农民专业合作社的盈利能力。

六、政府建设合作社文化的策略

作为一个经济组织,其制度安排及变迁的绩效必然受到社会共同意识形态的约束、影响。如果意识形态与制度安排吻合就会降低交易成本,反之则会提高交易费用。因为我国农户家庭经营规模普遍较小,生产资料购买和农副产品销售的数量相对较少,加入合作社产生的效益不明显,农户对合作经营虽有一定需求,但由于受传统文化的影响,很多农民对加入专业合作社疑虑重重,入社的愿望并不是很强烈。当下农民专业合作社发展面临的严重文化环境约束主要表现为两个方面:一是全社会的合作文化基础薄弱,导致广大农民"不善合作"。我国的农民专业合作社的发展是在缺少合作运动的人文思潮的背景下,利益主导的诱致性制度变迁的结果。二是农民对合作社组织原则和经营宗旨的"标准规范"认定缺乏共识,农民要么不愿意参加专业合作社(根据郭红东的研究,当前影响农民参与合作社的首要因素是户主的文化程度和合作意识);要么在域内实现。农业保险业务需要由中央政府统一组建政策性的全国农业再保险公司,在全国范围内对政策性农业保险、商业性涉农保险以及互助性保险实行与一般商业保险有区别的再保险。全国农业再保险公司可采取中央财政控股、省级政策性农业保险机构参股的模式组建,其注册资本金来源主要有中央财政注资、地方参股、农村救济费分流部分、财政支农资金整合节流部分等。考虑到现行的粮食直接补贴量大面广、对农民收入增长贡献不明显,在农业保险发展到收入保险阶段后,可将此部分资金改投到农业保险的再保险补贴上。总之,构建"农户+农民专业合作社+省级政策性农业保险公司+国家农业再保险公司"四位一体、覆盖农户、农民专业合作社、省级政策性农业保险公司、国家农业再保险集团的全方位的农业保险财政支持体系,是一个较为现实的选择。(潘勇辉,2008;王敏俊,2007)

(一)教育和引导农民积极参与合作社管理

当今我国农民专业合作社的发育是农民自主的制度创新,但在其变迁过程中,政府尊重农民的首创精神并不意味着政府可以完全放任自流。来自各级政府主管部门的引导和规范恰恰是其健康发展必不可少的外部条件。世界各国在农民专业合作社发育与成长过程中都曾予以有力和有效的政府支持和干预。尽管有的国家极力强调经济的自由化和市场化,但政府对其指导和监管并没有削弱。在我国小生产与大市场矛盾日益加深的背景下,为了维护自身的利益,处于弱势且境况相似的小农存在合作的需求。但由于合作成本高昂以及普遍存在的"搭便车"问题,分散化的小农"不善合作"成为普遍事实。当小农"需要合作"而又"不善合作"时,非小农主导的外生型合作社就必然成为我国农民专业合作社的主要发育形式,其治理结构不完善也就在所难免。加上政府管理部门众多,服务指导没有到位,注重在形式上组织合作社,对改善合作社绩效提供实际帮助不多;有的甚至急于求成,过多干预内部事务。政府指导和服务的虚位、错位、越位导致了其制度绩效不理想。因此,注意政府对农民专业合作社引导服务的策略选择具有重要现实意义。

许多发展中国家农民合作社的发展历史表明,由官方主导,一厢情愿地推进合作社发展必然失败。政府必须克服主观性,教育和引导农民积极参与合作社管理,而不能代替农民决策。围绕《农民专业合作社法》对政府的职能定位,借鉴国内外合作社发展的经验教训,政府对于合作社指导只能从在外部制度供给上影响,引导合作社的发展,而不能直接干预合作社的内部事务,是组织成员共有的价值观念及行为方式,具有导向、约束、激励等多重功能,能减少个人行为与组织目标的偏离,降低达成共识的信息费、谈判费、监督费;通过文化氛围所造就的群体意识、社会舆论、群体行为准则和道德规范,增强自我控制力,减少机会主义行为动机;有利于提高组织的市场声誉,扩大市场空间;能降低正式制度的运作成本,激励正式制度变迁。(徐旭初,2004;赵泉民,2007)

农民专业合作社是改革发展过程中的新生事物,我国几千年历史发展中沉淀下来的根深蒂固的小农意识严重制约了农民专业合作社的发展壮大。只有结合新型农民培养,优化我国社会及文化环境,发展合作文化、民主法制意识等先进文化观念,剔除传统文化中的糟粕,抛弃小农意识,努力培养良好的合作意识和文化,同时又承认资本在社会生活中的重大作用,熟悉资本、股权、股东等资本文化内涵,优化合作文化社会环境,农民专业合作社才能规范运作,科学发展。

为此,政府应当采取以下对策与措施。

1. 加强宣传教育,解决广大农民群众思想认识问题

要通过宣传发动使广大农民充分认识发展农民专业合作社的重要意义,特别是要从促进小康社会和新农村建设的全局意义去认识,将发展农民专业合作社作为贯彻落实科学发展观,彻底解决"三农"问题的治本之策。让广大农民群众明白新时期的农民专业合作社是在确保家庭承包经营主体地位的前提下农民自愿建立的,绝不是走回头路,解除农民的顾虑,增强参加农民专业合作社的决心。

2. 加强合作意识与能力

由政府依托有条件的示范性合作社和农村职业技术学校,结合农民实用技术咨询、培训,开展合作知识教育,包括合作思想、合作原则、合作技巧、国家发展农民专业合作的政策及法律法规等方面的内容,增强农民合作意识和合作能力。

3. 加强农村基础教育改革

可以借鉴美国经验,与地区资源特色、发展要求结合起来,使农村基础教育区别于城市基础教育,为建设农民专业合作社这一现代农业经营制度和农业合作文明培养高素质新型农民奠定基础。

(二)加强学术研究和创新,推进合作理论建设

合作社文化建设滞后,全社会对农民专业合作社的认识程度不高的一个重要原因是理论准备不足,甚至存在不少理论和思想认识误区:把农民专业合作社与当年"一大二公""一平二调"的传统集体经济组织混在一起;认定农民只能从事家庭生产和经营,"善分不善合",对发展合作经济持否定态度;认为农民专业合作社是一种纯经济组织,不具备什么社会功能;发展合作社将弱化政府作用,对农民提供有利的外部法律、制度环境,协调各涉农部门的工作,而不应涉入合作社内部的经营活动、领导的任免等;公开、公正、公平地制订和实施扶持政策,防止权力寻租、抑制形象工程、规避权力与资本结合起来对农民专业合作社进行控制。

在当下农民专业合作社发展的初级阶段,政府指导工作的重点应该放在制定《农民专业合作社法》的实施细则和农民专业合作社示范章程,健全和规范其财会和报表制度;广泛开展试验示范,引导合作社完善内部各项管理制度、改善经营能力;广泛宣传合作理念、开展合作教育,引导合作社遵守社会公德、商业道德、诚实守信,在消费者中树立起合作社的信誉品牌形象。同时,政府应当寓服务和指导于实际支持之中。随着市场化程度的提高,专业合作社对政府提供公共服务产品的需求日益增大,围绕改善合作社的运行环境和经营能力,向合作社提供公共物品服务已经成为当今各国政府发挥作用的重点领域。

由于我国长期以来对农村公共财政投入不足,当前农村以下几方面的公共服务产品已远远不能满足农民专业合作社发展的需要,政府财政预算中应大幅增加促进农民专业合作社事业发展的专项资金,加强其公共服务体系建设。

1. 加强农民教育和合作教育服务体系建设

当前正是农民专业合作社大规模创立阶段,政府重点应整合力量,加强《农民专业合作社法》宣传,普及合作知识,帮助合作社培养经营人员、财会人员。

2. 构建品牌扶持和加工出口体系

构建农民专业合作社农产品品牌扶持和加工出口体系,增强其产品市场的稳定性。由于当前大部分农民专业合作社规模小、技术水平低、市场竞争力不强,产品销路没有保证,政府应当支持农民专业合作社品牌产品,扶持其建立加工和出口体系,增强其产品市场的稳定性。

3. 完善农资供销体系

完善农资供销体系,确保其获得稳定的生产资料供应,并在购买到足够的生产资料的同时,在价格上获得一定优惠。

4. 健全科技创新和公共服务体系

健全农业科技创新和成果推广服务、市场信息服务、融资服务、会计与审计服务、政策法律咨询等公共服务体系。

加强对农民专业合作社绩效的科学评价和有效激励。国际可持续发展权威约翰·埃尔金顿(John Elkington)提出的"三重盈余"理论认为:企业在追求自身发展中,需要同时满足经济繁荣、环境保护和社会福利三方面的平衡发展。开展农民专业合作社"三重绩效"评价能够引导其不仅重视自身的传统资本,更关注人力资本、社会资本的开发和利用,发挥其经济、社会和生态功能,真正成为人类经济文明、社会文明和生态文明的建设者。因此,政府应开展"三重绩效"评价,以此引导其保持合作社制度的本质规定性和基本价值观,提高合作社核心竞争力和保持基本盈利,推动政府"三农"扶持政策的落实。应把合作社与家庭经营对立起来,农民自己的事,政府不宜多管。合作经济理论的混乱,最集中表现为把市场竞争中最有可能盘剥小农者当成小农进入市场的引路人。(徐祥临2001)有鉴于此,政府应依托中国社会科学院等权威学术机构设立中国农民合作经济研究所,加快理论创新的步伐。同时鼓励农民专业合作社投入一定的资金加强组织文化建设,大力宣传合作社"我为人人,人人为我"等基本价值和理念,并以合作社训的形式代代传承;同时,对于合作社文化建设事业作出突出贡献的人物要授予适当的荣誉和给予必要的奖励。

七、农民专业合作组织的扶持政策及扶持标准

现有的支持政策包括国家、省、市、县四个方面。

(一)申请国家项目的农民专业合作组织(合作社或协会)应符合的条件

第一,经县级以上有关部门注册登记满1年以上。成员以依法享有家庭承包经营权的农民为主体。成员人数100个以上。

第二,运行机制合理。以"民办、民管、民受益"为宗旨,产权明晰,符合合作制的基本原则;有规范的章程、完善的管理制度、健全的监督机构;有独立的银行账户,实行独立的会计核算;财务管理和收益分配制度健全;对成员实行盈余返还的优先考虑。

第三,专业服务网络比较健全。与成员在市场信息、业务培训、技术指导和产品营销等方面具有稳定的服务关系。对具有统一生产质量标准、注册商标和产品包装的优先考虑。

第四,符合优势农产品区域布局规划,或具有当地产业特色,能带动周边农民形成区域性产业带(群)。在提高农业产业化水平、增加农民收入方面,具有较强的示范作用。

第五,有成员入股的,股权应相对平均,结构比较合理。

国家项目资金用于扶持农民专业合作社,向成员提供以下一项或数项服务,要集中使用,保证重点,避免分散。具体内容须由农民专业合作社经全体成员或代表大会通过后提出申请:(1)进行专业合作理念和知识的教育及培训。(2)开展科学技术和市场营销知识培训,引进优良品种,推广实用技术。(3)购置农产品加工、整理、储存、保鲜、运销和检测仪器、设备。(4)申报农产品质量标准认证,培育农产品品牌,制订生产技术规程,建设标准化生产基地。(5)开展市场信息服务,建设营销网络,举办产品推介活动。

(二)申请省级项目应符合的条件

申请省级项目的农民专业合作社须符合以下条件:

第一,经县级以上工商行政管理部门注册登记。

第二,合作社法人代表必须是农民。依法享有家庭承包经营权的农民占成员总量的80%以上,法人成员不得超过成员总量的5%。生产性合作社中从事生产的社员须占社员总数的一半以上。

第三,运行机制合理。以"民办、民管、民受益"为宗旨,产权明晰,符合合作制的基本原则;有规范的章程、完善的管理制度、健全的组织和监督机构。

第四,财务管理和收益分配制度健全。合作社实行独立的会计核算,有独立的银行账户。合作社在财务核算中,应建立社员个人明细账户,并对社员实行盈余返还。

第五,股权结构比较合理。自然人社员或法人社员认购股金最多不超过20%,生产性合作社从事生产的社员认购股金须占本社股金总额的一半以上。

第六,符合全省和当地优势农产品区域布局规划,或具有当地产业特色,能带动全省和当地周边农民形成区域性产业带(群)。

第七,在提高农民组织化程度、增加农民收入方面,具有较强的带动作用。合作社社员收入高于当地农民人均纯收入水平。

第八,当地政府重视农民专业合作社发展,制定并实施了有关扶持政策和措施。

第九,专业服务网络比较健全。合作社与社员在市场信息、业务培训、技术指导和产品营销等方面具有稳定的服务关系。对具有无公害农产品、绿色产品、有机食品认证、生产质量标准、注册商标、产品包装和获奖品牌的合作社优先考虑。

省级项目资金使用方向如下:(1)进行专业合作理念和知识的教育及培训。(2)开展科学技术和市场营销知识培训,引进优良品种,推广实用技术。(3)购置农产品加工、整理、储存、保鲜、运销和检测仪器、设备。(4)申报农产品质量标准认证,培育农产品品牌,制订生产技术规程,建设标准化生产基地。(5)开展市场信息服务,建设营销网络,购置计算机、传真机等信息设备,举办产品推荐和营销活动。(6)完善合作机制,创新合作模式。

(三)申请市级项目应符合的条件

(1)遵守国家法律、法规和有关政策,接受各级农业经营管理主管部门的业务指导、教育培训和行政监督。

(2)经农业经营管理主管部门批准设立,县级以上工商行政管理部门注册登记的合作社。

(3)法人代表必须是农民。社员必须有80个以上,带动农户200户以上。

(4)运行机制合理。以"民办、民管、民受益"为宗旨,产权明晰,符合合作制的基本原则。

(5)股权结构比较合理。自然人社员或法人社员认购股金最多不超过20％,生产性合作社从事生产的社员认购股金须占本社股金总额的一半以上。

(6)社员入社程序规范。社员入社要经过申请、审核同意、社员签字等程序;制订统一的社员登记表,对社员进行登记造册;向社员发放统一格式的社员证,载明组织名称、姓名、编号等。

(7)有固定的办公场所、必要的办公设施、位置显明的标志牌。章程、制度、组织机构、内部机构设置及职责摘要上墙。

(8)符合当地优势农产品区域布局规划,或具有当地产业特色,能带动全市和当地周边农民形成区域性产业带(群)。

(9)在提高农民组织化程度、增加农民收入方面,具有较强的带动作用。合作社社员收入高于当地农民人均纯收入水平。

(10)服务功能发挥齐全。统一农业投入品的采购和供应,统一生产质量安全标准和技术、培训服务,统一产品和基地的认证认定,统一品牌、包装和销售。

(11)财务管理和收益分配制度健全。合作社实行独立的会计核算,有独立的银行账户。合作社在财务核算中,应建立社员个人明细账户,并对社员实行盈余返还。

(12)及时向农业经营管理主管部门上报统计报表、工作总结和财务报表等。

(13)档案资料妥善保存、管理规范。设立申请、批复、章程、各项管理制度、发展规划、社员入社申请表、社员登记表统一装订归档;会议记录齐全完备,全面记录社员(代表)大会、理事会、监事会会议及其他重大活动情况;详细记载合作组织技术指导、物资供应、产品销售等作用发挥情况。

(四)县级规范性农民专业合作社建设标准

(1)遵守国家法律、法规和有关政策,接受各级农业经营管理主管部门的业务指导、教育培训和行政监督。

(2)经农业经营管理主管部门批准设立,县级以上工商行政管理部门注册登记的合作社。

(3)法人代表必须是农民。社员必须有 50 个以上,带动农户 100 户以上。

(4)运行机制合理。以"民办、民管、民受益"为宗旨,产权明晰,符合合作制的基本原则。

(5)股权结构比较合理。自然人社员或法人社员认购股金最多不超过20%,生产性合作社从事生产的社员认购股金须占本社股金总额的一半以上。

(6)社员入社程序规范。社员入社要经过申请、审核同意、社员签字等程序;制订统一的社员登记表,对社员进行登记造册;向社员发放统一格式的社员证,载明组织名称、姓名、编号等。

(7)有固定的办公场所、必要的办公设施、位置显明的标志牌。章程、制度、组织机构、内部机构设置及职责摘要上墙。

(8)在提高农民组织化程度、增加农民收入方面,具有较强的带动作用。合作社社员收入高于当地农民人均纯收入水平。

(9)财务管理和收益分配制度健全。合作社实行独立的会计核算,有独立的银行账户。合作社在财务核算中,应建立社员个人明细账户,并对社员实行盈余返还。

(10)及时向农业经营管理主管部门上报统计报表、工作总结和财务报表等。

(11)档案资料妥善保存、管理规范。设立申请、批复、章程、各项管理制度、发展规划、社员入社申请表、社员登记表统一装订归档;会议记录齐全完备,全面记录社员(代表)大会、理事会、监事会会议及其他重大活动情况;详细记载合作组织技术指导、物资供应、产品销售作用发挥情况。

(五)乡级规范性农民专业合作社建设标准

(1)遵守国家法律、法规和有关政策,接受各级农业经营管理主管部门的业务指导、教育培训和行政监督。

(2)经农业经营管理主管部门批准设立,县级以上工商行政管理部门注册登记的合作社。

(3)法人代表必须是农民。社员必须有30个以上,带动农户50户以上。

(4)运行机制合理。以"民办、民管、民受益"为宗旨,产权明晰,符合合作制的基本原则。

(5)股权结构比较合理。自然人社员或法人社员认购股金最多不超过20%,生产性合作社从事生产的社员认购股金须占本社股金总额的一半以上。

(6)社员入社程序规范。社员入社要经过申请、审核同意、社员签字等程序;制订统一的社员登记表,对社员进行登记造册;向社员发放统一格式的社员证,载明组织名称、姓名、编号等。

(7)有固定的办公场所、必要的办公设施、位置显明的标志牌。

(8)财务管理和收益分配制度健全。合作社实行独立的会计核算,有独立的银行账户。合作社在财务核算中,应建立社员个人明细账户,并对社员实行盈余返还。

(9)及时向农业经营管理主管部门上报统计报表、工作总结和财务报表等。

(10)档案资料妥善保存、管理规范。

(六)农业经营管理主管部门对农民专业合作组织的指导与管理

农村经营管理部门具有指导农民专业合作组织发展的天然优势。

1.组织优势

农村经营管理部门上至中央,下至乡镇,形成了比较完整的体系,其宗旨就是面向农村经济、面向农民提供经营管理服务。

2.职能优势

农村经营管理部门的主要职能是依据党和国家关于农村经济发展的方针、政策,负责对农村各类经济组织和农户经营活动的管理和指导,维护农民和集体经济的合法权益,合理组合各种生产要素,发展农村生产力,促进农村经济发展。

3.工作优势

农村经营管理部门既具有行政执法权,又具有指导服务为群众办实事的职责。因此,农村经营管理部门有条件、有能力担负起指导农民专业合作组织发展的重任。

(七)农业经营管理主管部门的业务指导

1.进行广泛宣传

(1)解决认识问题。①要提高各级干部的认识。②要提高政府各部门和社会各界的认识。③要提高农村经营管理主管部门工作人员的认识。农村经营管理主管部门干部的认识高不高,决定对工作的热情和热心的程度、工作力度的大小,决定对困难和问题解决的信心和决心。④要提高农民专业合作组织领头人的认识。

（2）加强宣传工作。搞好农民专业合作组织事业的宣传工作，是办好农民专业合作组织的重要条件和必要的舆论准备。①编写宣传提纲，阐明目的、意义。②利用多种形式开展宣传，形成舆论氛围。③宣传典型样板，为农民提供示范。

2. 加强对干部群众合作能力的培训

重点是要让广大干部群众深刻认识到组织的巨大力量，熟悉掌握合作的"游戏规则"。关键是要培育好合作带头人和积极分子。具体培训内容一般包括三个方面：（1）合作组织基础知识的培训；（2）工作方法的培训；（3）各种运行规则的培训。

3. 营造良好的政策环境

（1）为合作组织发展提供法律保障。国家将出台《农民专业合作组织法》，且其他现行法律中有关合作组织的法律，如《中华人民共和国农业法》第十条规定：国家鼓励农民在家庭承包经营的基础上自愿组成各类专业合作组织。农民专业合作组织应当坚持为成员服务的宗旨，按照加入自愿、退出自由、民主管理、盈余返还的原则，依法在其章程规定的范围内开展农业生产经营和服务活动。农民专业合作组织可以有多种形式，依法成立、依法登记。任何组织和个人不得侵犯农民专业合作组织的财产和经营自主权。

（2）为合作组织健康发展提供政策支持。中共中央、国务院、农业部和各省市区都有政策扶持文件。从合作组织发展实际看，还需要进一步争取政策，扶持其健康发展。①争取进一步税收优惠政策。合作组织为成员提供的生产资料和销售成员自产农产品以及经其分级、加工、包装等的农产品，应视为农民自购生产资料和农户自销农产品，免征税收。②放宽生产经营范围限制。凡国家没有明文禁止或限制生产和经营的品种项目，均允许各类合作组织生产、加工和经营。③加大财政扶持力度。各级财政每年都应从农业发展基金中拿出一部分资金，建立合作组织扶持发展基金。④加强资金信贷扶持。⑤加大科技支持力度。⑥全力提供其生产经营需要。

4. 积极争取项目和指导编制项目申报书、指导实施项目、监督项目资金

目前扶持合作组织项目来源的部门主要有：农业部、财政部、省农业厅、财政厅，市农业局、财政局专项扶持，具体申报及管理见各部门当时出台的申报指南和管理办法。

5. 认真开展试点示范工作

要高度重视合作组织示范项目建设，合作组织示范项目建设不同于一般的农业项目,是农业产业组织创新的示范,农户间建立和谐合作关系的示范,合作组织对成员服务内容和服务方法的示范,合作组织与龙头企业建立平等、互利关系的示范,也是国家财政支农资金使用方式的示范。因此,我们要全面做好合作组织示范工作。

一般可分 4 个阶段组织实施试点:(1)宣传发动;(2)组织实施;(3)完善提高;(4)试点验收阶段。

6. 对合作组织开展评优评比

各级政府或农业经营管理主管部门,每年应评选部分先进合作组织和先进法人代表予以表彰。

7. 对合作组织进行审计、监督

开展合作组织年度审计和法人代表离任工作。重点对合作组织的经营情况和内部管理进行检查,对不符合《章程》规定的,予以纠正和处理。对严重违反《章程》规定,偏离组建宗旨,借合作组织之名,行坑农伤农之事的,要依法予以处理。

(八)农民专业合作组织与政府之间的关系

在农民专业合作组织与政府的关系中,政府对合作组织干预的目的、范围都应当有一个明确的界限,确保政府对合作组织发展能够起到引导和扶持作用;农民专业合作组织要按照自己的章程开展活动,确保专业合作组织独立自主经营、自负盈亏的地位。作为政府要利用各种可利用的手段和力量,对农民、有关部门的工作人员进行合作组织的教育和培训,大力提高人们对合作经济的认识水平;要依法支持合作组织的经营活动,逐步规范合作组织的运营机制,维护合作组织合法的经济地位和社会地位;要制定必要的政策、规章,对新发展起来的合作组织给予必要的经济、技术、信息等支持;要建立专门的规章制度,约束和规范政府部门及工作人员对农民专业合作组织运营活动的干预行为。

(九)农民专业合作组织与农村集体经济组织的关系

农民专业合作组织与农村集体经济组织虽然在外延上有重叠,但这两者并不是同一个概念,二者并不互相包容。二者的区别在于他们是从不同的角度去界定经济组织形式的,集体经济是就组织的所有制性质而言的,合作经济是就其组成及运行方式而言的。农村集体经济组织是指集体公有制经济,其生产资料归集体范围内的成员集体所有,成员退出集体就不再占有集体财产。农民专业合作组织的代表形式是合作社,合作社是一种组织形式,合作社可以有不同的所有制形式。集体经济可以是合作社,也可以是非合作社。按合作社原则组织经营,就是集体所有制合作经济;不按合作社原则组织经营,而按一般公有制原则或集体经济原则组织经营,就是一般的集体企业。合作社可以是集体所有制,也可以以主要生产资料如土地为集体所有制,而不触动社员其他生产资料的个人所有权,还可以在保障社员个人财产所有权不变的基础上组建合作社。但是各种类型合作社都有不可分割的公共积累。

(十)农民专业合作组织与农业产业化的关系

农民专业合作组织与农业产业化的关系是既有统一的一面,也有矛盾的一面。农业产业化的实质是通过一定的组织形式引导分散经营的农户进入市场,实现农业产前、产中、产后一体化经营,重新划分利益机制,改变农业的弱质产业地位。农业产业化工作的重点是要大力引导和扶持农副产品加工的龙头企业,通过龙头企业的发展带动农业生产专业化的形成,促进农户生产规模的扩大和经济效益的提高。

另一方面一家一户分散生产的原料很难达到企业规模生产对原料的数量和质量要求,龙头企业的发展必然要求分散的农户组织起来建设标准化的种植基地、养殖小区,以满足其生产发展的要求。但龙头企业与农户在利益上也存在矛盾的一面,企业经营活动的最终目标是获取最大利润,这与同在一个经济体中的农民想要获取最高收入的目标显然是不一致的。而且在这个矛盾体中,农户显然是处于弱势地位的一方。

综上所述,政府在政策方面给予的支持如下:基于专业分工和规模化经营的农民专业合作社已成为我国新时期农业生产的重要组织形式,合作社正逐渐成为带领农民参与市场经济的重要载体。合作社及合作社示范建设过程中拥有丰厚的政策基础,主要表现为中央1号文件、合作社配套法律、农民专业合作社示范建设法规,伴随状态主要表现为萌芽、初步规范及进一步规范。

(十一)农民专业合作社发展的政策基础

中央1号文件连续八年聚焦"三农",从不同程度对农民专业合作社及示范建设发展给予关注。"重视发挥供销合作社在农产品流通和生产资料供应等方面的作用"（中发〔2005〕1 号）；"供销合作社要创新服务方式,广泛开展联合、合作经营,加快现代经营网络建设,为农产品流通和农民生产生活资料供应提供服务"（中发〔2006〕1 号）；"供销合作社要推进开放办社,发展联合与合作,提高经营活力和市场竞争力""大力发展农民专业合作组织。认真贯彻《农民专业合作社法》,支持农民专业合作组织加快发展。各地要加快制订推动农民专业合作社发展的实施细则,有关部门要抓紧出台具体登记办法、财务会计制度和配套支持措施。要采取有利于农民专业合作组织发展的税收和金融政策,增大农民专业合作社建设示范项目资金规模,着力支持农民专业合作组织开展市场营销、信息服务、技术培训、农产品加工储藏和农资采购经营"（中发〔2007〕1 号）。"积极发展农民专业合作社和农村服务组织,全面贯彻落实《农民专业合作社法》,抓紧出台配套法规政策,尽快制订税收优惠办法,清理取消不合理收费,各级财政要继续加大对农民专业合作社的扶持,农民专业合作社可以申请承担国家的有关涉农项目"（中发〔2008〕1 号）。"加快农业标准化示范区建设,推动龙头企业、农民专业合作社、专业大户等率先实行标准化生产,支持建设绿色和有机农产品生产基地""扶持农民专业合作社和龙头企业发展,加快发展农民专业合作社,开展示范社建设行动,加强合作社人员培训,各级财政给予经费支持"（中发〔2009〕1 号）。"大力发展农民专业合作社,深入推进示范社建设行动,对服务能力强、民主管理好的合作社给予补助。各级政府扶持的贷款担保公司要把农民专业合作社纳入服务范围,支持有条件的合作社兴办农村资金互助社。扶持农民专业合作社自办农产品加工企业"（中发〔2010〕1 号）。综合来看,国家对合作社发展的工作力度逐渐加大,从"重视""大力发展""积极发展"到"加快发展"及相关的政策措施均可见国家对合作社发展的重视关注程度;同时合作社示范建设活动也得到进一步体现,从"农业标准化示范区""开展示范社建设行动"到"深入推进示范社建设行动",合作社示范建设互动提出并进一步规范。

实践证明,分散经营的农户只有组织起来这一条路,也就是建立各种类型的农民专业合作组织、生产合作社,才能有效提高农民的市场谈判地位,维护自身利益。只有如此,分散经营的农户才能为企业提供符合质量标准的、足够的原料,支持龙头企业的发展;同时,依靠龙头企业的发展又可以进一步促进农民扩大生产规模、增加收入,从而实现农户、企业双赢。实现农户与龙头企业双赢局面的最有效形式是"公司＋专业合作组织＋农户"这一模式。

(十二)合作社的法律地位

政治环境是农村新型合作组织成长的根本,稳定的政治环境是农村改革发展的前提。政府作为行政执行的主体在合作组织成长中扮演着重要角色。在我国,农业增产、农民增收都离不开政府。农村新型合作组织虽然以农民为主要参与者,但是从一开始它的成立到成长就必须与政府的各个职能部门联系在一起。首先,政府需要加大宣传教育来让农民了解合作生产的好处,农民文化水平不高、信息沟通不强,有效地宣传才能让他们全面了解这是一个增产增收的有效途径;其次,需要制订相应的政策来调动农民参加合作生产的积极性,规范的政策是农民参与的重要驱动,例如合理的土地流转政策、农民地权、林权等的确权证书都可以让农民的资产变活,让农民有参与合作的资本;再次,需要拿出相应的优惠条件来促进合作组织发展,例如相关手续的快捷办理、减免税费等,都能为合作组织的成长提供快速通道。只有依托政府的有效引导和大力扶持,农村新型合作组织才能健康成长。

法律作为国家意志的体现也为我国各项事业的发展保驾护航。个人的自由通过集体有秩序地实现。秩序的建立是一个自由的实现过程,是通过法律的控制力和个体权益进行整合和谐的过程。由于在我国农村新型合作组织的发展仍处于起步阶段,还面临着诸多矛盾和问题,需要进行规范。需要专门的法律法规对合作组织的登记成立、内部机构、财务管理以及责任划分等作出一个明确规定,防止每位组织成员的利益受侵害。农民专业合作组织的合法地位也需要法律来明确。因此,必须有完善的法律制度环境才能保障农村新型合作组织正常运营。

八、我国农民专业合作社的立法背景

(一)农民专业合作社相关法律政策

纵览农民专业合作社法规完善的过程主要经历了如下发展阶段:2006年10月31日第十届全国人民代表大会常务委员会第二十四次会议通过《中华人民共和国农民专业合作社法》,中华人民共和国国务院令第498号公布《农民专业合作社登记管理条例》,自2007年7月1日起施行;中华人民共和国农业部令第 4 号《农民专业合作社示范章程》于 2007 年 6 月 29 日农业部第 9 次常务会议审议通过,予以公布,2006 年 1 月 23 日《农业部关于印发〈农民专业合作经济组织示范章程〉(试行)的通知》(农经发〔2006〕1 号)同时废止;2007 年 6 月 21 日,国家工商行政管理总局印发了《关于农民专业合作社登记管理的若干意见》和《农民专业合作社登记文书格式规范》的通知;财政部关于印发《农民专业合作社财务会计制度(试行)》的通知和财政部国家税务总局关于农民专业合作社有关税收政策的通知;《农民专业合作社法》陆续呈现了蒙文版和藏文版。总之,在各项准备工作的协调下农民专业合作社的相关系列法规完成了初期的实施并进一步完善。

(二)农民专业合作社示范建设相关法规

农业部于 2010 年 6 月 11 日印发了《农民专业合作社示范社创建标准(试行)》,文件对农民专业合作社示范社创建的标准给予了一定的界定。为贯彻落实《中共中央国务院关于 2009 年促进农业稳定发展农民持续增收的若干意见》提出的"加快发展农民专业合作社,开展示范社建设行动"的要求,农业部会同国家发展和改革委员会等部门从 2009 年起组织开展"农民专业合作社示范社建设行动"。主要依托部、省、市、县四级平台,在全国择优培育扶持一批经营规模大、服务能力强、产品质量优、民主管理好的农民专业合作社,使之成为各产业领域的示范社,率先成为引领农民参与国内外市场竞争的现代农业经营组织。2009 年 8 月 31 日,农业部等 11 部委联合下发《关于开展农民专业合作社示范社建设行动的意见》;经过近一年的探索总结,在当年中央 1 号文件精神指导下,各级政府为指导各地广泛深入开展农民专业合作社示范社建设行动,推动农民专业合作社规范化、上水平发展。至此,我国农民专业合作社示范建设问题实现了有章可循。

1. 2007 年《中华人民共和国农民专业合作社法》颁布前的发展情况

农民专业合作组织的出现是顺应现代农业发展的必然趋势,在《农民专业合作社法》颁布之前,我国农民专业合作社的实践活动已活跃在中国农村的许多地区。按照农业部的统计数据,2006 年全国比较规范的农民专业合作社达到 15 万多个,成员 2363 万户,占全国农户总数的 9.8%。这些农民专业合作社在带领农民加入农业产业化的进程中发挥了重要作用;但在《农业合作社法》颁布之前,合作社发展的法律地位不清,产生了发展中的种种问题,需要进一步得到国家在法律、制度方面的认可与完善。

2. 2007 年《农民专业合作社法》颁布后的发展情况

为顺应中国农民专业合作社发展的蓬勃趋势，2007 年，我国《农民专业合作社法》正式颁布，为农民专业合作社的发展提供了可靠的法律支持，此后各地注册农民专业合作社的步伐极大加快，数量猛增。最新发布的《2011 中国合作经济发展研究报告》显示，目前全国经工商注册登记的农民专业合作社有 52.17 万家，实有入社农户 4100 万户，占全国农户总数的 16.4%，入社农户收入比非成员同业农户收入高出 20%以上。

目前成立的农民专业合作社区域经济特色鲜明，各地农民专业合作社依托当地农业主导产业、优势产品组建而成，具有较强的带动能力和比较优势，促进了农业生产的区域化布局和规模化生产。

2003 年 12 月，全国人大农委牵头成立《农民合作经济组织法》起草领导小组和工作小组。2006 年 6 月 26 日，十届全国人大常委会第二十二次会议分组审议农民专业合作经济组织法草案。

(三)合作社立法模式

国外合作社立法的基本模式主要包括五种。英国模式：规范商业消费合作社；德国和奥地利模式（中欧式）：主要规范消费和信用合作社；法国式（拉丁式）：主要体现在商业法典中；丹麦、斯堪的纳维亚式：没有合作社法律，由合作社章程自治；美国式：以规范化农业销售组织、农民独立耕作和义务销售合同为基础，最终成为合作社义务销售；混合模式：各种立法模式综合运用，如日本等。

国内合作社法律相关问题主要归纳为七点。发展迟缓且不平衡，类型多样化，成员利益的保护，成员经济利益保护，成员民主自治权利保护，交易相对人的利益保障机制，管理不规范。

农民专业合作组织的基本原则主要有六条。成员以农民为主体；以服务成员为宗旨；谋求全体成员的共同利益；加入自愿、退出自由；成员地位平等，实行民主控制；盈余主要按照成员与农民专业合作组织的交易量（额）比例返还。农民合作经济组织法的调整对象农民专业合作组织是在家庭承包经营基础上，同类农产品的生产经营者、同类农业生产经营的服务者和利用者，自愿联合、民主控制的互助性经济组织——农民专业合作组织以成员为主要服务对象，提供产前、产中、产后的技术、信息、生产资料购买和农产品的销售、加工、运输、储藏等服务。

（四）农民专业合作组织的治理结构

1. 表决权

一人一票的基本表决权，不超过基本表决权总数 20％的附加表决权。法人机关包括成员（代表）大会（成员代表大会的性质）理事长和理事会，执行监事和监事会。农民专业合作组织的负责人和经理不得兼任业务性质相同的其他农民合作经济组织的理事、监事和经理。设立条件为成员不少于 5 人，其中依法享有农村土地承包经营权的农村集体经济组织的成员至少占成员总数的 80％；有符合本办法规定的组织机构；有符合本办法规定的章程；有符合法律、行政法规规定的名称和章程确定的住所；有符合章程规定的成员出资。

2. 对法人成员的限制

农民专业合作组织成员总数 20 人以下的，法人成员不得超过 1 人；成员总数 20 人以上的，法人成员不得超过成员总数的 5％。

3. 成员资格

具有相应民事行为能力的中国公民和中国的企业或者社会团体法人能够利用农民专业合作组织提供的服务，承认并遵守章程，履行章程规定的加入手续。

▶ 基础训练

素质题：详述本人家乡合作社的法律情况。

技能题：解读家乡合作社的相关扶植政策。

知识题：从法律和政策两方面详述对合作社的扶植作用。

项目六

国际合作社发展经验

▷ 素质目标

查阅资料,了解某国合作社的一个具体方面对我国合作社的启示。

▷ 技能目标

查阅资料,撰写国外合作社的特色文章。

▷ 知识目标

区分国内外体质,了解合作社的不同。

▷ 阅读材料

美国新一代合作社

1991 年,在明尼苏达州中部,部分从事灌溉农业的农民希望种植比玉米和大豆收益更好的农作物。虽然该地区适合种植玉米和大豆,但没有相应的加工设备。可行性研究表明,建立一个加工厂可为当地的农民提供一个较好的生产环境和市场。3 年后,明尼苏达州的 67 名农民抵押了种植甜玉米和大豆的 3640 公顷土地,筹集了 200 万美元的产权资本,投入到总投资为 900 万美元的蔬菜加工厂中。这样北部蔬菜合作社的成立,使农民能发展多样化的生产,并获得加工增值的收入。

达科他种植者面食食品公司是使北达科他州和明尼苏达州农业重新注入活力的 50 个新一代合作社之一。在这个过程的最初阶段,农村和合作社的发展专家帮助周围这些农民找出问题和解决的办法。对本地区潜在的市场机会进行的深入调查研究表明,面食食品生产是可以为小麦生产者利益服务的产业。通过把企业建成一个生产者自有的、社员关系密切的合作社,生产者不仅可以从得以确保的市场和稳定的农产品价格中获益,同时他们还可以从加工厂的股份中分得红利。

由于最初创办合作社的生产者手中有一个完整的商业计划,并且有农村发展的代表帮助,这些小麦生产者开始用该项目的好处来说服其他生产者。试图实现公平和利益的做法是重要的,也是冒险的,因为这要求生产者必须购买至少1500股的股份(每股值3.85美元)才能成为该合作社的社员,这意味着最少得投资5775美元,对于缺乏资金的农民来说是一个不小的数目。但作为回报,社员获得了向建成的加工厂凭每一股交售一蒲式耳(约合35升)小麦的权利。筹集投资于新企业的资本取得了成功。在这一项目中,总共有1040名小麦生产者入股1200万美元,占建设食品加工厂所需投资的30%,平均每位社员投资11538美元,合2297股,充分显示了他们对该项目的热情和责任感。达科他面食食品公司在1993年11月开始投入生产,他们能生产50多种高品质的面食食品,这些产品都注册有自己的商标,并按指定的渠道销售,加工厂设计的能力为5.43万吨,1995年的产量达到4.53万吨,合作社为人口仅有2267人的卡瑞顿创造了180个就业机会。

从以上案例可以看出,合作社希望筹集1200万美元的产权资本,每股的原始值定为0.11美元/升,每股保证社员可以向加工厂交售35升小麦,每个农民都有机会以原始值的价格购买合作社股份。随后的股值反映了社员期望从合作社得到的回报,这时的股份可以在合作社理事会的许可下进行交易。不要求每个社员购买相同数量的股份,但对所持股份的数量有最高和最低的限制。不论所持股份的多少,合作社仍坚持在选举理事会和决定重大事务时遵循一人一票的原则。因为每一位社员都为合作社预先成立投入了资金,所以合作社的经营收益均在年末返还给社员。如在达科他种植者面食食品公司,社员以当时市场价的60%向工厂交售小麦,到年底,经营收益按产品年销售额减去合作社的经营支出后的剩余返还给社员。收益按社员交售的小麦所占份额进行分配。合作社扩大规模需要资金也将通过同样的方式来筹集,即社员必须通过预先购买交货权股份对合作社进行投资。按照合同规定,社员必须向合作社交售自己的产品或从其他地方购买相应的产品来交售以履行合同义务。如果社员不能或不愿完成合同中规定的数量,合作社自行购买所缺数量并将此花费记入该社员的账户中,在年底的分红中就可以体现出来。

(根据相关资料整理)

一、美国农村合作社发展概况

美国作为世界上最发达的国家,其农业产业也走在世界前列,人均粮食占有量名列世界第一。据统计,美国有80%的农产品是由农业合作社加工的,并且70%的出口农产品也是由农业合作社生产的。

美国的农村合作组织大致有两种形式:一种是合作社,一种是农协。同样的都是农民自发联合起来的非营利性的组织,都设有董事会、监事会、理事会。不同之处就在于农协的政治意义要强一些,相对来说偏重于农民权益方面的保护,而合作社是一个纯经济行为的组织。合作社往往基于某一项目成立起来,成立时间一般较短,一旦该经济项目开发结束,那么合作社就自动消亡了,在组织的稳定性上是比较差的,当然个别历史悠久的合作社除外。相比较合作社,农协因为具有一定的政治色彩,所以要稳定得多。但这两者都属于市场经济高度发达的产物。在美国,农业合作社遍布各地,各式各样的都有,这些农业合作社大多是在市场流通环节自发产生的,组织和形式自由而灵活,在市场中只要觉得组织起来有必要就随时组织,联合起来之后优势就出现了,实力得到增强,成本也降下来了,信息渠道变得畅通,对市场风险的抵御能力增加了,这也是对生产力的一种新的发展,美国这些年来的农业产品一直在国际市场占据优势地位,这便是很重要的原因之一。美国的农协主要考虑的是农民的利益,向国家相关机构反映农民遇到的问题,替农民说话和办事,甚至影响国会提出相应的议案。在美国的各个州都有很多农业协会,这些协会有时也会聚集为州联合会。为各个州的州联合会再组织起来成立全美农协联合会。正是因为这两种组织的存在,通过政府的认可和支持,美国的农民实现了经济利益的自治。此外,各级政府分别立法对农民合作社和农协赋予很高的法律地位,并且给予减免税等优惠政策。可以说这种自治和享有的特权也是有一定程度限制的,美国政府对这些组织的审查相当严格,对于协会人员的管理也很严格,并有日常监督机制,引导美国的农业合作社和农协健康平稳运行。

(一)美国农业合作社的概况

美国是现今世界上最发达的资本主义国家,其劳动生产率、国民生产总值和对外贸易额自 20 世纪中叶开始长期高居世界首位,其农业科技水平和农业经济制度也同样较为完善。美国是世界上名副其实的农业大国。美国农业生产了世界 1/5 的粮食,其粮食生产能力超过 3.5 亿吨,人均占有量 1180 公斤,名列世界第一。美国的粮食储备、谷物的结转库存也占世界第一,近年来大致接近世界库存总量的 1/3。事实和统计结果表明,在美国,谷物销售合作社控制了国内粮食市场 60% 的市场份额,并提供了全国出口谷物总量 40% 的粮源。由农业合作社加工的农产品占农产品总量的 80%。而且美国全部出口农产品的 70% 左右是由农业合作社来完成实现的。由此足见美国的农业合作社地位的重要。美国农业合作社就其规模来讲是世界上最大的。由于美国是以家庭农场作为基本的农业生产单位,所以农业合作社也称为农场主合作社。美国的农业部曾经给农场主合作社下过这样一个定义:农场主合作社是由拥有共同所有权的人们在非盈利的基础上为提供他们自己所需要的服务而自愿联合起来的组织。

(二)美国农业合作社的类型

1. 销售合作社

加工和销售棉花、奶产品、水果和蔬菜、谷物和油料作物、牲畜和家禽、干果、大米、糖和其他农产品。在所有合作社中,从事农产品销售的占 51.8%。这些合作社占其市场份额的 31%,其中奶制品占 33%,粮食占 27%,水果蔬菜占 13%。

2. 供应合作社

为农场提供农用化学制品、饲料、肥料、燃油、种子和其他物资。在所有合作社中,主要从事农场所需物资供应的合作社占 36.4%。这些合作社供应的农业生产资料占全国的 29%,其中向农民供应的化肥占 45%,燃料占 42%,饲料占 21%。

3. 服务合作社

经营轧棉机、汽车运输、人工播种、仓储和烘干等业务。在所有农业合作社中,提供与营销和采购活动相关服务的合作社占 11.8%。

(三)发展过程

美国农村合作经济迄今已经有 180 年左右的发展历史。从近 180 年不同时期美国农业合作社的发展历程来看,美国农业合作社大致可分为以下六个阶段：1810—1870 年，初创试验阶段。1810 年，在康涅狄格州高琛成立的乳品合作社和新泽西州南特瑞敦成立的奶酪合作社是美国最早成立的农业合作社。1870—1890 年，迅速扩大阶段。格兰其和农场主联盟具有全国规模。1890—1920 年，开始形成全国网络阶段。全国农场主协会和"美国公平社"也是两个具有全国规模的农业合作社组织。1920—1933 年，有秩序的农产品销售阶段。1922 年联邦政府通过了卡珀—沃尔斯台德法，授予合作社不受反托拉斯法制约的权利，并且对合作社规模没有限制。1920 年成立了全国性组织"美国农场局联盟"。1933—1945 年，持续发展阶段。1945 年至今，为适应现代社会而不断调整阶段。

(四)美国农业合作社的基本运作原则

1.使用权拥有原则

即拥有所有权的人必须享有合作社的服务。加入美国农业合作社的美国个体农户，有权享有合作社提供的各方面服务，包括销售、运输、储藏以及产品的初加工和深加工。作为农业合作社所有权的拥有者之一同样全部享有合作社提供的各方面服务。

2.使用者控制原则

合作社实行企业化运作，由全体成员民主管理和控制。在管理活动中，所有成员都只有一票的权利，不管交纳会费的多少，也不管与合作社的交易数量。这样就不存在谁拥有控制权的问题，所有成员人人平等。

3.谁光顾谁得利原则

合作社赚的钱要根据会员与合作社的交易额来返还给会员。在美国，政府对合作社主要起保障和协调作用，政府只在法律上和经济上给予一定的优惠，具体体现在一系列的服务型政策上，如给予合作社税收待遇、有限豁免待遇、信贷优惠和技术协调，其他干预则比较少。

(五)美国农业合作社的组织管理和运作方式

美国农业合作社的组织机构由社员大会和董事会组成。社员大会由全体社员组成，社员大会一般每年召开一次，并可以在任何时候召开特别会议。农业合作社的重大事项由社员大会投票表决，其基本原则是多数票控制。通过社员大会，合作社社员可以行使以下权利：选举和罢免合作社的董事；制订或修正合作社细则；监督董事和管理人员按法律、社章、细则和销售合同办事；审查那些由于工作过失使社员利益遭受损害而又不负责的管理人员；当董事会成员勾结或滥用职权损害合作社利益时，提起诉讼以保护合作社的利益；要求合作社管理人员准确、详细地向他们报告账目，并对所有社员一视同仁；检查合作社的账目和财产。美国农业合作社董事会成员由社员大会选举产生，董事会成员通常也要来自社员，但并非所有社员都有当选机会，凡是同本合作社竞争的任何公司及其子公司的人都没有资格成为本合作社的董事。董事会享有除社员享有的合作社的其他权利，负有督促和指导合作社活动的职责。董事会有权聘任经理，经理根据董事会的授权，在董事会的监督下，负责经营本合作社的日常事务，包括采购、销售和处理由合作社处理的所有农产品和供应品；根据董事会的要求编写年度报告和其他报告；雇用、监督和解雇合作社的任何一个雇员。

（六）新时期美国农业合作社的发展趋势

1. 社会职能日益突出，政治职能逐渐加强

在一些经济发达国家，合作社的服务内容在不断增多，社会职能和政治职能在不断扩大。合作社不仅在经济领域为农民提供服务，而且从事社会发展以及政治等方面的服务，切实维护农民的利益。

2. 经营机制逐步完善，组织体系走向开放

第二次世界大战以后，市场竞争激烈，为了求得自身的生存和发展，农民专业合作社逐渐变革自身的组织和经营制度，引入股份制，形成股份合作社，向社会发行股票。同时，合作社内部实行董事会或理事会领导下的企业家或专家负责制，开展日常经营业务活动。

3. 农业合作社之间持续的重组与并购

美国农业合作社也不断进行着重组与并购。重组与并购是农业合作社所面临的环境变化与竞争加剧的结果，其出发点在于使合作社获得更高的效率水平，从而能与具有规模和资源优势的其他企业开展竞争。美国农业合作社进行重组与并购的原因可以归结为几个方面：（1）减少合作社的管理成本。（2）获得范围经济和规模经济。（3）获得市场进入机会。（4）获得更多的附加值。（5）减少资金限制。

4.农业产业化纵向垂直整合进一步加强

从美国农业合作社重组的主要趋势来看,主要是进行横向联合与纵向联合两个方面。所谓横向联合,是指经营相同或相似的产品及服务,或者同样的惠顾成员的合作社或其他组织形式之间进行联合,以减少成本及扩大规模;而纵向联合是在同种产品供应链上不同生产阶段企业之间进行联合经营,比如加工企业和营销企业的联合。目前美国农业合作社之间的水平联合占到66.1%,而垂直整合占到20.3%。随着传统农业向契约农业的转变,迎合消费者的需求,保持稳定的渠道及获得更多农产品的附加值成为合作社新的经营战略,在不同生产阶段和不同产品之间的垂直整合将会更加频繁。

(七)美国合作社发展的特征

美国农业合作社发展的原则主要有四点:原则一,农业合作社是建立在农业基础上的由从事农业产业的人员构成的合作团体,所有成员均是从事农产品的生产者或相关人员,所从事的活动与农业紧密相关。原则二,合作社建立的目的是为组织成员提供获取经济利益的机会,本身并不以赚钱为目的,所获得的盈利按照指定的规则重新返还给社员。原则三,合作社实行的是民主管理,讲究平等合作。凡是组织成员都有说话的权利,而不以资本的多少来决定,所有组织成员均只拥有一票表决权。如不实行一人一票制,则社员股份红利不得超过8%,或不超过各州的法定利率。原则四,出于严格保护合作社内部成员利益的目的,要求农业合作社每年与非社员之间的业务交易额不得超过与社员之间的交易额。美国的农业合作社主要表现为以下几个方面的特征:第一,合作社成立的目的是提供大量让社员受益的服务。在从生产到流通的不同领域的各个环节都涵盖在了合作社的活动范围中且均有服务项目。第二,合作社成员基本上由从事农业的劳动者组成,成员均与农事活动紧密相关。美国法律规定,要想成为农业合作社的社员必须从事农业生产的相关工作。社员有退社自由,合作社不养活闲散人员。第三,虽然董事会代替组织管理、决策,但每位社员都有参与的权利。第四,收益分配采用利益共享、风险共担的原则。合作社社员有为所在合作社服务的义务,这也是他们能够获得收益的前提条件。

二、日本农协的发展经验

日本作为一个人口众多、国土面积狭小、农业资源相对贫乏的国家,却在第二次世界大战结束后到 20 世纪 70 年代短短 30 年时间里,在小规模家庭为基本经营单位的基础上,成功地实现了从传统农业向现代化农业的转型,成功地解决了本国的农民、农业和农村问题。日本耕地面积较少,1999 年日本的耕地为 487 万公顷,都府县每家农户平均拥有的耕地面积不足 1.2 公顷,北海道每家农户平均拥有的耕地面积也仅为 16.2 公顷,和欧美的大规模经营相差甚远。但是日本的耕地利用效率高,农业技术水平也很高。而这一切都应当归功于日本别具特色的综合性农民合作体系——日本农业协同组合(以下简称日本农协)的有效组织和快速发展。日本的农协已有近百年的发展史,到今天已经相当成熟。日本农协组织层次共有三层,分别是基层农协,都、道、府、县农协以及全国农协。不同农业协会分工不同,但很明确,比如基层农协一般以市、町、村等行政区域为单位组织,主要面对本地区农户,在农业生产资料、技术指导、信息收集、农产品加工、金融贷款、保险等方面为农民提供服务。到目前为止,农协在日本各地都已建立起来了,有 99% 以上的农民都加入了农协组织。发展至今,日本农协已经在各个方面影响着日本农民和农业,日本农民对组织的依赖几乎到了寸步不离的程度。

日本农协作为世界上公认的最成功的农民合作经济组织模式之一,是一个由农民自愿联合并且自成系统、遍布城乡的庞大的合作经济组织,是一个包括金融事业、保险事业、购销事业、加工事业以及指导事业在内的服务于农民、农业和农村的综合性服务体系。不仅如此,作为国家与农民之间进行有效联结和互动的纽带和桥梁,日本农协既是国家农业政策的忠实执行者,也是农民利益的忠实保护者。一方面农协代表全体组合员与政府进行对话,并以此达到影响政府决策制定和保护农民利益的目的;另一方面政府也将某些职能转移给农协,并通过农协来达到贯彻农业政策、调控农村经济以及发展农村事业的目的。因此,对日本农协产生、发展过程中的经验和教训进行科学的、详细的分析与总结,将会对我国发展综合性农民合作经济体系产生巨大的理论启示意义和现实指导意义。

(一)政府是日本农协发展的坚实支柱

首先,日本农协从小到大、从弱到强,并成为亚洲乃至世界最为成功的农民合作经济组织模式之一,是与日本政府的法律保障以及政策支持分不开的。从农协的发展历史中我们可以看到,农协产生与发展过程中的历次改革、调整以及重生都得益于不同时期、不同条件下所制定的相关法律、法规和政策。例如,1900 年《产业组合法》的颁布使产业组合(农业协同组合的前身)得以在日本全国创建;1947 年《农业协同组合法》的颁布使日本的农民合作经济组织以农业协同组合的形式得到了恢复;到 1950 年,日本已经基本完成了农协组织机构在全国的建设工作,全国 99% 以上的农民都加入了农协组织。为了振兴农村经济、提高农民收入,日本政府从 1955 年开始在全国各地开展了"农协综合事业计划运动"。为了应对农协和农业面临的发展前景逐步恶化的状况,日本政府发动了"农协刷新扩充 3 年计划运动",这次运动确立了农协的农业指导体制,扩大了农协的事业范围。为了应对刺激经济快速增长政策所带来的农村劳动力外流、兼业农户增加、生产趋向粗放等问题,日本政府于 1961 年先后颁布了《农业基本法》《农协合并助成法》等法案。这些法案,促进了小规模农协的合并,缩小了农业与其他产业的收入差距,有效地抵御了高速成长的城市经济对农业的冲击。

其次,政府的定位正确,这是日本农协得以顺利建立和快速发展的基础。政府将自己的职责仅限于提供市场无法提供的公共产品,解决市场不能解决的有关合作经济组织发展的问题以及为农协组织的健康发展营造良好的制度空间等。至于农协内部的日常经营管理工作,只要其符合国家有关农协法律、法规的相关规定,政府一般不予干涉,当然它也无权干涉。

(二)家庭式经营与农业现代化、市场化相契合

日本农协的成功经验证明了以家庭或农户为单位的小规模经营是可以与农业现代化、市场化发展的要求相契合的,这其中的关键就在于农民的组织化。日本作为一个土地稀缺、人口稠密、自然资源匮乏的国家,其农民的经营规模狭小、农业发展空间有限。特别是在现代市场经济激烈的竞争环境中,以家庭为单位的小规模生产的脆弱性使得其在进入市场时不得不面临着巨大的风险性和被动性。日本政府通过组织综合性的农民合作经济组织,向

农民提供农业生产的产前、产中及产后服务,以及所有的涉农金融、保险、流通、信息综合性农民合作经济组织。

(三)日本农协是联结政府与农民的纽带与桥梁

日本农协不仅仅是一个服务于农民生产、生活的合作经济组织,在一定程度上它还承担了部分基层政府的行政职能,是联结政府与农民的纽带和桥梁。一方面政府的农业经济政策和农村社会管理方针都是通过农协得以最终落实的。农协通过把分散的农户组织起来置于国家的管理范围之内,成为政府政策的落实以及与农民进行协调的中介。另一方面农协是农民意愿的载体,是农民利益的代言人。日本政府在制订农村、农业政策时,通常都会与农协进行沟通和讨论,听取农协的意见和建议。而且,农协的全国性组织如全国农协中央会还可以代表农民直接将农民的意愿和利益要求反映到执政当局和决策层,以施加政治影响。技术服务有效地帮助了农民克服小规模经营的局限性和风险性,从而在农业的大规模经营之路外开辟了一条与欧美截然不同的农业发展和农民富裕之路。日本农协的经验向我们展示了这样一个事实:在不改变家庭小规模经营的基本格局的前提下,通过农民的组织化是同样可以实现农业的现代化和市场化的;农业的现代化不仅是农业规模的现代化,它也可以是组织形式的现代化。层层建立、分工合作、统一协调的组织原则使日本农协经过近百年的发展实践,基本将全国所有的基本家庭经营单位都组织了起来,形成了一个包括地方性和全国性组织在内的完整体系。20世纪90年代农协组织结构改革以前,农协的组织可分为三个层次,即市町村、都道府县和全国层次。基层农协以市町村等行政单位为基本单位,组织了单位农协;以基层农协为团体会员组成了农协的县级组织,以农协县级组织为团体会员组织了国家一级的农协组织。

都道府县、全国这两级组织按其功能不同划分为两大系统,即从事指导业务的农业协同组合中央会系统和从事经营事业的农协联合会系统。农业协同组合中央会系统是农协的综合性指导机关,其主要任务是对下一级的农协中央会和农协联合会系统的组织、业务和经营进行指导,协调和调节农协联合会系统内各专业联合会之间的关系和纠纷,就农协本身和涉农政策问题向政府相关部门提出意见。农协联合会系统内包括经济、信用、保险、厚生、专业合作等专业联合会,都道府县的农协联合会对基层农协提供业务指导,从事一般基层农协力所不及的经济活动;而全国性的农协联合会主要从事对下一级农协联合会的协调、指导和监督工作。此外,要特别指出的一点是,各级农协中央会和农协联合会是平级组织,而不存在任何的隶属、上下级关系,这有效保证了基层农协和各级农协联合会的独立性和自主性。

日本农协正是通过这种层层建立、分工合作、统一协调的组织机制,为本国农民提供了全方位的、社会化的生产、生活服务保障体系,从而为本国农民克服小规模经营的困局,提高农民的生产、生活质量奠定了坚实的制度基础。

(四)民主的组织、经营和管理

日本农协作为农民自己的组织,一直坚持着民办、民管和民受益的民主原则。日本农协一直坚持着国际合作组织通行的合作社原则和一人一票的组织管理方式,从而充分地发挥了农协内组合员的主动性和积极性。具体来说,对于农协干部选举、确定农协事业的方针等关系到农协前途命运的重大事项,不因农协成员出资额的多少或其他条件的不同而导致成员之间享有不同的权利,而是大家一人一票,享有同等的选举权、被选举权和表决权。当然,并不是所有的农协内部经营、管理事务都是以全体组合员大会的形式,一人一票来决定,对于日常的经营管理活动也采取征求意见或协商等方式加以解决。日本农协几十年的成功经验证明,充分尊重农民的意愿、满足农民的需要、寻求农民利益的共同点是农协得以可持续发展的不竭动力。

(五)合作金融是日本农协事业的核心内容

肇始于 20 世纪四五十年代的日本农协合作金融事业经过几十年的发展,在机构设置、业务经营、金融监管、政府支持以及合作金融法律建设等方面均达到了较高的发展水平,是世界公认的较为成功的合作金融事业。第二次世界大战后,日本农协的合作金融事业在为农民生产组合综合农协、专业农协、县级农协中央会、县级农协经济联合会、县级农协信用联合会、县级农协保险联合会、县级农协厚生联合会、县级专业农协联合会、全国农协中央会、全国农协联合会、农林中央金库、全国农协保险联合会、全国农协厚生联合会、全国专业农协联合会生活提供资金,加速实现农业机械化和现代化,将传统小农经济纳入到现代化、市场化的农业轨道等方面发挥了极其重要的作用。而且合作金融部门作为非营利性农协的重要的盈利部门,承担了农协日常经营管理过程中的大部分资金需求,为保证农协系统的整体稳定持续运作发挥了决定性的重要作用。

(六)发展的特征

第一,在生产领域的作用。在农产品生产领域,日本农协主要肩负指导和融资两大重任。先说融资方面,很多农业生产者的生产资金都由农协办的信用事业来承担,在遇到资金紧张或者困难的时候,他们会首先选择农协作为资金获取的主要来源,平时农协则通过自己的途径吸收大量资金用于储存和流通,日本农民手中的闲散资金是其主要来源,也是贷款发放的主要来源。再就是农业指导,日本的农业技术推广主要由官方和民间两种形式来实施,民间指的就是日本农协。农协以组织成员为对象,提供生产、经营等方面的指导。指导业务以蔬菜、耕种、畜产等为主,几乎涉及农业领域的各个方面。农业的指导员根据农户的不同情况制订不同的服务措施,包括研究、制订农业生产与经营计划。此外,日本农协还提供社会化服务。1999 年日本农户有 324 万户,比 1950 年的 600 万户减少了一半。在 1999 年农业就业人口中,65 岁以上的约占 50%,农业人口老龄化严重。受此影响,同时考虑到农业机械大型化以及农业设施季节性使用成本高等的影响,需要有一个中间者的角色来操办这些事务,日本农协就担当起了这个义务。为一些无力购置大型设施的许多农民个人,日本农协提供全方位各种力所能及的帮助。

第二,在流通领域的作用。销售和采购是日本农协在流通领域的主要作用,有超过 90% 的农产品的销售和 80% 的生产资料购买都是通过农协来完成的。它考虑到农民的经济利益,减少农产品的流通环节,从农家直接到市场,提高了农民的销售收入,同时也阻止了商人从中间环节再谋求不当利润,提高农产品的价格而妨害农业发展。为了实现这个目的,日本在各大中小城市建立起了一定数量的农产品批发市场,这些市场都由农协组织农民直接参加,农民自己来销售,同时与超级市场相配套建立起很多相关设施,比如加工厂、包装厂、冷库、运输中心、批发市场、超市等,还在不同地区设立分支机构来提高组织的活动范围。通过这些途径,农协把农民生产的产品集中起来统一销售,沟通了生产者与市场,对于整个农业的发展无疑是相当有利的。同时,农协也对农民提出了要求,对产品的合格率严格把关,已经上市的产品可以参与竞拍,农民获取的收益更大,而且由于是协会组织,收款迅速,对农民来说比较合理,中间过程所需的费用以销售额计算,最大限度地保护了农民的利益。除此之外,农协也是一个市场调控者的角色,为了防止价格的忽起忽落,农协有计划地组织产品投放市场,组织条理,目的明确,既稳定了价格,保证普通居民生活舒心,又减少了价格波动对农户的风险。日本农协在日本遍布全国,根据社会发展还推出了送货上门业务,服务好,质量好,赢得了不小的客户群,甚至和大型超市相比也毫不逊色,从另一种方式上支持着日本农业的发展。

(七)日本农协合作金融的成功经验

第一,政府的强力支持。农协的合作金融事业是经济上弱者的联合,其服务对象为资金实力较为薄弱的农民,因此农协内部的合作金融组织承担着较大的金融风险。为此,日本政府对农协合作金融事业一直持鲜明的扶持态度。例如,在农林中央金库成立之初政府出面进行了大量的投资,为日本农协合作金融事业的发展坚定了基础。此外,日本政府还采取了一系列政策措施支持合作金融事业的发展。例如,将农副产品收购以及其他政策性贷款全部委托给农协的合作金融机构代为发放和管理;规定基层农协的存款利率可以高于普通商业银行,以利于合作金融机构吸收存款;对农协内组合员贷款提供利率优惠,并对农协合作金融机构发放的低息贷款给予利息补贴,等等。

第二,健全的合作金融法律体系。日本政府为了保持农协合作金融事业的稳定性和连续性,建立了比较完善的农协合作金融法律体系,其颁布的相关法律法规包括《农业协同组合法》《农林中央金库法》《临时利率调整法》等。这些法律详细规定了农协合作金融机构的经营范围、管理权限和监管责任等事项,为合作金融事业的稳健发展提供了重要的法律保障。

第三,完善的风险防范体系。为保证农协合作金融事业的稳健发展,提高农协金融机构的信用度,在政府、中央银行、农林中央金库和农协的共同努力下,农协的合作金融系统建立了一整套完备的以存款保险制度、相互援助制度和农业信用保证制度为主要内容的风险防范制度。

最后,农协合作金融事业的成功还得益于农协合作金融机构对基本合作原则的坚持。这主要表现在:首先,合作金融事业的资金来源主要是农协成员的存款和合作金融机构的自身积累;其次,合作金融机构在经营管理和盈余分配等方面坚持了基本合作原则;再次,各级各类合作金融机构均以互惠互利、调剂资金和满足农协成员生产、生活需要作为其主要经营目的,依据立足基层、方便农户以及便于管理的原则设立机构,这些坚持以农协成员和农村社区为服务核心的措施,得到了农民的广泛支持和坚决拥护。

三、荷兰农村合作组织的经验

欧洲农业产业化、集约化程度很高,专业化水平高,生产设施先进,抵御自然灾害的能力也强。农村合作组织在欧洲国家开展的历史是最悠久的,也是很成功的。欧洲历来是工业文明主导,工业水平很高,所以无论在投资还是在政策制定上都偏向于工业,但是农业还能保持这种高水平,主要是其农业组织化程度较高。

(一)发展概况

荷兰被喻为"风车之国",是一个风景美丽的发达国家,荷兰农业同样水平很高。最早是因为市场竞争的因素,荷兰农民受到他国农产品加工企业的挑战,为了保护自己的利益,于是荷兰农民建立农村合作组织。组织成立之初,也是考虑到了其他国家的模式,由农户合伙建立类似于合作组织的农产品专业加工厂并按照企业投放制度经营管理。比如,从养猪发展起来的托佩克公司。1910—1920年,几个地方的养猪群体建立合作社,到了20世纪六七十年代,养猪业开始发展,地方的养猪群体合并,肉食加工者开始育种研究,人工授精开始发展,1990年成立 Varkens verbetering Zuid,1996年收购 Dallan,1998年收购 Fomeva,1999年成立托佩克公司。目前,托佩克是全球领先的猪育种和人工授精公司。其在荷兰的市场占有率超过了85%,在整个欧洲,托佩克在养猪领域也是占主导地位。经过长期的联合、改组、兼并,荷兰的合作组织已经不再是单纯的一个组织,很多组织通过发展壮大,已经成为规模巨大的经济集团,发展速度非常快。但是,就是坚持这种合作组织的基本性质,不管发展规模有多大,财产归全体成员共有,对资本的使用有着严格的约束监督机制和集体决策机制的这些合作社基础从来没有改变过。

(二)发展特征

荷兰的农村合作组织也主要是帮助农民获取最大的经济收益为主,但是与上述国家不同,荷兰的农民合作组织是永久性的。农民将自己部分或所有的资产集中在一起,共同承担风险、共同享有收益,既增加了经济效益,又保留了一定的自主性。荷兰对农村合作组织在法律上给予了充分肯定,出台了完备的合作组织立法。在法律的规则指引下,荷兰农村合作组织有自己组织内部的章程,以及各个成员的权利、义务分工,每个环节都有相应的制度规范运行。

四、德国合作社发展经验

德国是合作社组织的发源地,自 1864 年莱夫艾森创立第一个合作社以来,距今已有 140 多年历史。德国的农业合作社遍布德国农村地区,为农民提供农产品生产、加工、销售以及信贷、农资供应、咨询等服务,成为农业产业化经营的重要组织载体。合作社不仅提高了农业生产和销售的组织化和产业化程度,推进了农业结构调整,而且在促进德国农村地区发展,提高农民收入,缩小城乡差别和地区差别等方面发挥了不可替代的作用。

(一)合作社类型

经过长期的发展、整合和调整,目前德国已形成多层级、网络型、分权式的合作社联盟体系。依据经营范围来划分,德国合作社大致可分为信贷、农业、工商业、消费和住房合作社五大类。合作社自下而上为三级组织结构:基层合作社;区域性合作社联盟,区域性专业协会;全国性合作社联盟,全国性行业协会。一般情况是,社员在自愿、民主的基础上组织基层合作社,各基层合作社按区域组建区域性合作社联盟,各区域性合作社联盟再组建全国性的合作社组织。合作社联盟是多元化、综合性的。联盟自身不从事具体的业务经营活动,而是扎扎实实地为基层社办实事,如德国莱费森农业合作社联盟。

(二)合作社的组织结构

合作社是同时兼有企业和共同体两种性质的特殊经济组织,不以营利为目的。合作社实行民主管理,实行董事会、监事会和社员大会分权制。社员代表大会是合作社最高的权力机构,合作社的高层管理人员(首席执行官、总经理)则由理事会聘请职业经理来担任,合作社所有的经营活动实行理事会领导下的总经理负责制,完全以市场经济的运作模式,实行公司化经营管理。

(三)合作社的运作机制

德国成立合作社完全是按自愿和互助原则成立的,并按公司制度经营业务。社员以其资产入股,其经营业绩直接关系到每个社员的切身利益。因此,每个社员都"以社为家",为合作社的发展献计献策。合作社对内以服务为主,对外以盈利为目的,作为市场经营主体,有效地维护其成员的利益。合作社实行规模化经营、标准化生产,如批量采购农用生产资料,规范产品生产和销售标准,使用统一品牌等,降低了成员的生产成本,形成了明显的市场竞争优势。农民参加合作社获得的经济利益主要体现在以下几个方面:在生产交易活动中减少中间损失;在融资方面免除债息过高的风险;在农产品加工和销售方面使用同一标准和品牌而共同享受增值的好处;在使用大型农业机械和设施方面互通有无而降低成本;通过农业产业内部分工,能享受和提供完善的社会化服务,如良种供应、病虫害防治、卫生防疫、机械维修技术培训、信息咨询等。因此,德国农民自发组织或加入合作社的积极性较高。

(四)合作社的最新发展

近些年来,随着社会经济的发展和市场竞争的加剧,德国合作社迫于市场竞争压力,越来越呈现规模化组织、专业化经营、企业化运作的趋势。换言之,德国农业合作社出现了向营利企业转化的显著趋势,主要表现为五方面。

第一,合作社旨在由社员需求导向向市场需求导向转变。

第二,社员异质性日益增强,导致合作社及其社员越来越倾向于股份化持股、差别化投票以及按股分配,在传统合作基础上引入灵活的资本联合形式。

第三,合作社通过联合与合并,进行规模化整合,扩大经营规模,提高市场竞争力。近些年德国合作社数量不断减少,单个合作社规模明显扩大。1950年联邦德国有23842家农业合作社,1998年有4221家,2006年年底有3188家。

第四,德国政府鼓励农民走联合发展之路,并为农业合作社提供财政支持。新成立的农业合作社5年内可享受创业资助,包括人工费、办公设备和咨询费;7年内可享受投资资助,如采购、加工、销售、仓储、包装等经营性投资成本,资助额最高为投资总额的25%,但不超过其销售收入的3%。中央市场与价格通报处,负责研究农产品市场发展,每周出版数期市场报告和大量的分析、预测及背景报告,协助判断市场变化。

第五,德国还成立合作社协会,对合作社的成立程序、具体业务提供专业指导和咨询,并为合作社成员提供大量关于农产品市场发展的信息。另外,协会定期举办合作社经营管理、病虫害防治、卫生防疫、机械维修技术、农产品质量保障和生态农业发展等专业培训,推广先进农业技术和农产品质量与安全标准体系,引导农业合作社发展生态农业,走农业可持续发展之路。

(五)德国合作社的启示

第一,德国农业合作社的发展历程和经验充分说明,发展农民专业合作组织是提高农业组织化程度最为重要的途径和手段,农民专业合作社是在市场化、现代化、国际化农业中最为有效的合作形式。现在我国农民专业化合作社建设与发展面临着新的良好机遇,发展农民专业合作社是提高我国农业组织化程度的首要途径。我们一定要牢牢把握机遇,进一步明确指导思想、工作目标、工作思路和重点任务,大力促进农民专业合作社实现更好更快发展,进而实现从自然农户向法人农户的转变,实现传统农业向现代农业的转变,构建适应中国特色农业现代化道路的新的农业经营主体和农业经营体系。

第二,尽管德国的合作社与政府并没有直接的行政关系,也不依赖政府,表现出较强的独立性。然而,长期以来,政府通过立法和提供一些优惠政策,保障合作社的合法权益,促进合作社的健康发展。德国政府为支持农业合作社的发展,对合作社用税后利润进行投资的部分免征所得税。农业企业、合作社还可获得免交营业税、机动车辆税的待遇。德国农业合作社的发展历程和经验表明,农民合作社作为弱势产业从业者的互助合作组织,需要得到政府支持,尤其在合作社发展的初级阶段。总体上看,我国农民专业合作社现在正处于初始发展阶段,依然势单力薄,需要政府及社会加以大力支持。因此,要把支持农民专业合作社作为支持农业和农民的有效载体,进一步加大政府扶持力度,建构政策支持体系。

五、国际农业合作社发展的新趋势

(一)新一代合作社

20世纪90年代以来,北美、欧盟等一些发达国家(首先是美国)出现了一系列明显的合作社变革态势,而北美地区的所谓"新一代合作社"就是典型。北美地区合作社发展的第一次高潮发生于20世纪初,第二次高潮出现于20世纪三四十年代,而"新一代合作社"的出现和发展则是最近20年合作社又一次发展高潮的产物。"新一代合作社"(New Generation Co-operatives)是指在20世纪90年代以来北美地区首先是美国北达科他州和明尼苏达州出现的新的合作社模式。一般认为,"新一代合作社"的主要特点是:交易份额制(Deliver Shares)和限制成员制(Restricted Membership)。新一代合作社的制度特征:(1)传统合作社往往是以销售初级农产品为主,而新一代合作社是以农产品加工增值为主,以利润最大化为导向。(2)社员资格不开放。新一代合作社根据合作社的经营规模(特别是加工业务量)确定合作社的投资规模,进而确定总股本和接受社员的数量,并按社员投股数量确定其产品交易权限。通常每个社员承购股金在5000美元至15000美元之间,这些股金必须事先支付。(3)不再实行等额持股。社员除了必须拥有资格股外,还必须根据自己与合作社的未来交易量购买股份。股金额度与交售农产品数量相联系,一个社员必须承购与其交货量相应的股金。但对社员的最高与最低持股额有所限制。(4)如果社员不能提供合同规定数量和质量标准的产品,合作社将从市场上购买这些产品,并按市场价格计入社员账户。(5)社员股份(也即交易权限),在得到理事会批准后可以交易。不过,优先卖给内部社员,再卖给其他人。因此,在合作社外部存在一个股份市场,人们可以在这个市场上进行股份交易,股份价值依据人们对合作社绩效的预期而变动。(6)新一代合作社以交易权分红返还为主。由于社员投资和交货数量成一定比例,因此红利也与社员持股成比例。几乎所有的退款都是现金支付,一般只留很小数量甚至不留公共积累。如要扩大经营规模,则社员被要求按交易量比例增加股份。(7)有的时候合作社也向社区出售优先股,但对优先股有一定的利率限制,而且没有投票权。(8)大多数新一代合作社仍然实行"一人一票"制,但也有合作社按人与按投资额大小分配投票权。同时,允许非社员参加合作社理事会,外聘专家参与合作社的日常经营管理。

"新一代合作社"的制度特征表明,它与传统的合作社已经有了本质区别,它与普通股份制企业更为接近,但仍存在三大重要差别。第一,它不仅仅是投资者所有的企业,而且同时是企业客户——农产品生产者所有的企业,投资者与客户的身份统一。第二,合作社成员持股额与农产品的交售数量相互挂钩,两者比例一定。第三,普通股份制企业中往往有一个或几个股东处于控股地位,而"新一代合作社"不允许少数人控股局面的形成。

"新一代合作社"既是适应现代农业变化的一个调整,也是合作社对内部制度安排的缺陷进行的创新和改革。近二三十年来,农业产业发生了巨大的变化:(1)市场环境变化迫使合作社必须从以成员利益为导向转向以市场需求为导向。(2)随着社会经济发展和合作社规模扩大,社员异质性愈来愈大,社员的战略选择差异日益突显。(3)市场导向使合作社面临现代消费者的需要和需求。(4)随着社会的变迁及其观念的变化,合作社的扩大和复杂,社员异质性增加,不仅使合作社固有的产权模糊的问题日益暴露出来,而且社员意见日益分歧,组织认同、成员信任日益淡化。(5)合作社现在不仅要关注市场变化,还要关注诸如环境、动物、自然资源等非直接的社会目标。

(二)美国新一代农民合作社的诞生和发展

1. 美国新一代合作社的含义

新一代美国农业合作社是 20 世纪 90 年代以来,由美国北部的北达科他州最先发起的,以增加产品附加值为主要获利方式的自发性经济组织。这些合作社之所以被称为新一代合作社,主要有三个原因:(1)它们代表了最新一代类型的合作社,早期的一代合作社类型出现在 20 世纪 20 年代,接着的一代合作社类型出现在 20 世纪 40 年代;(2)它们主要发展加工业,以提高产品的附加值,与以前合作社致力于商品营销的主要目标截然不同;(3)新一代合作社不再是作为产品的交换销售场地,它只向自己的社员收购预订数量的产品。事实上在合作社与社员之间有一个"双向"合同,要求社员向合作社交售一定数量的产品,同时要求合作社收购这些产品。美国新一代合作社推动了美国农业体系的整体迅速发展,因此被称为"农工综合企业"。

2. 美国新一代合作社的运作制度

有两条政策使新一代合作社区别于传统合作社,即交货权和社员的有限性。这种与其他合作社不同的社员和资金结构是由于新一代合作社把重点放在加工上所致。在新一代合作社成立以前的可行性研究中,一定要提出合作社将要建立的加工设施的加工容量。一旦有效的容量被确定下来,社员向合作社交售产品的数量就能固定下来。为了在潜在的社员中分配交货权以及为生产设备的购建筹集资本,首先发行合作社股份。每一股代表社员有向合作社交售一个单位农产品的权利。每一股的售价取决于合作社期望筹集的资金总数以及根据加工设备可能消化的农产品所分成的单位数。

3. 美国新一代合作社的运行原则及基本制度

新一代合作社与传统合作社在结构和原则上有一些相似之处:坚持"一人一票"的原则使民主传统得到保持;经营收益作为红利在社员中进行分配;理事会从社员中选举产生。许多新一代合作社也销售优先股,以便从社区或其他利益集团中筹集资金。优先股的持有人没有选举权,对于优先股支付的利息也有限制(北达科他州规定为 8%)。该政策使合作社得到了其他社团的支持,同时也能保证合作社置于社员的控制之中。新一代合作社的社员和资金结构使社员获得了比传统合作社更大的个人所有权和更高的责任感。这个责任感在使合作社实现其建立一个可为农产品提供稳定的市场盈利和高效率的农业产业中发挥了重要作用。

传统的美国农业合作社在促进农业经济增长、提高农民收入方面发挥了很大作用。但随着农产品市场的变化,美国传统合作社的经营业务额、利润、社员人数不断下降。这些问题的出现给合作社筹集资金带来难题。美国为解决合作社资金困乏问题,一方面鼓励发展新一代合作社以提高合作社内部资金积累能力,另一方面通过利用良好的外部融资环境来提高合作社资金筹集能力。

4. 美国新一代合作社重点关注自身两方面能力

(1)新一代合作社重点提高合作社内部资金积累能力。新一代合作社既是适应现代农业变化的一个调整,也是合作社对内部制度安排缺陷进行的创新和改革。因此它大大提高了合作社资金实力、生产效率,改善了合作社的经营管理。为提高合作社内部资金积累能力,重点有以下三个重要途径:第一,通过可行性研究确定合作社最佳的经济规模和资金需要量。新一代合作社根据合作社的经营规模来确定合作社投资规模,从而进一步确定总股本和接受社员的数量,并按社员投股数量确定其产品交易权限。可行性研究是新一代合作社获得成功的有力保证。可行性研究内容包括市场机会、竞争状况、启动资金、资本成本、生产成本、投资需求、原材料的需求数量及可行性、成员数量的规模、投资的潜在回报、人事及管理的要求。可行性研究虽然不能保证合作社一定成功,但至少可对成功的可能性提供一个评估,从而有助于成员作出是否投资合作社的决策。第二,通过股金筹集机制获得大量资金。美国新一代合作社实行交易份额制,社员根据其交货量购买相对应的股金,一般要求每个社员承购 5000 美元至 15000 美元之间的股金,对社员的最高与最低持股额有所限制。所获得股金资本约占总资本的 40%—50%。一般不能自由退股,但允许股份转让。另外,还通过发行优先股,吸收外部投资者的资金。通过这种高额入股、股金和交货合同可以转让的资本运作等做法,一方面使合作社有了数目可观的启动资金,另一方面使合作社有了固定的资本存量,从而有利于获得银行贷款。第三,通过有效的利益分配机制吸引投资。新一代合作社进行盈余分配时,按社员与合作社的农产品交易量进行分配。由于交易量与社员的出资额相挂钩,而按交易量分配盈余也就是按社员的股份分配。这种交易份额制使盈余分配与投入资本相结合,实现了按劳分配与按资分配相结合。因此,在一定程度上,新一代合作社实行的是按惠顾额返还与按股分红相结合的利益分配机制。由于传统合作社成员只能获得有限的资本金报酬,这使合作社对资金投入缺乏吸引力。如果融资方式主要依靠社员出资,就难以获得足够的资金积累。而且也可能由于它历年累计的公共积累产权不清和社员的开放性导致公共积累分配的不公平。

(2)新一代农民合作社利用良好的外部融资环境提高合作社资金筹集能力。第一,美国新一代合作社利用优惠财税政策提高资金实力。据美国农业部统计,2002 年至 2011 年,政府补贴农业的资金为 1900 亿美元,比 1996 年增加约 830 亿美元,平均每年增加 190 亿美元。美国政府每年都从财政拨出经费对合作社成员进行培训,对合作社从事的加工业务进行补贴;给合作社提供税收上的优惠等。其分配给社员的红利、惠顾返还金以及其他收入,享受免税待遇。第二,利用良好的金融市场环境扩大融资规模。主要利用农业信贷合作体系支持合作社的发展。美国农业信贷合作体系主要由联邦土地银行、联邦中介信用银行与合作银行组成。这三个农村合作金融机构都是在政府领导和出资扶持下,采用自上而下的方式建立起来的。其中,合作银行系统是美国专门为给合作社添置设备、补充营运资金、购入商品等提供贷款而设立的。合作银行主要向符合条件的农业合作社贷款,合作银行向农业合作社发放贷款的利率,根据种类、期限和融资成本的不同而有所不同,合作社能享受到合作银行提供的低于市场利率的贷款。农业合作社要取得贷款必须符合以下要求:在取得贷款时购买合作银行的股份;按应付利息额的大小,购买合作银行的增加股份;在合作银行保有净储蓄。合作银行的贷款在很大程度上满足了农业合作社的信贷需求,成为其重要的融资渠道。

(三)国际合作社发展的新趋势

第一,为了扩大经营规模,获得大量资本,增强市场竞争力,合作社之间出现持续的合并与联合浪潮。

第二,合作社越来越重视纵向一体化。农业合作社的纵向一体化,不仅包括农业生产资料供给合作与农业生产的一体化,而且还包括农业生产合作与农产品营销、深加工合作的一体化。后者是近年来农民合作社纵向一体化的主要标志。

第三,20世纪90年代以来,许多合作社,尤其是那些介入农产品深加工领域的合作社的组织结构发生了深刻的变革。一种形式是传统的合作社转变成新型的有限责任公司(PLC),这种公司的股份,有的完全由原合作社成员控制,有的则吸引了外部的股份。另一种形式是引入可交易股份,它包括允许在成员内部转让的股份和允许非成员拥有的股份。还有些"新一代合作社"采取有限社员资格、购买交易权限等措施,以追求较高附加值和成员收益。

第四,由于市场竞争压力,合作社与其成员之间越来越呈现商业化交易态势,普遍运用严格的成本核算原则。合作社对社员提出越来越严格的交货条件,以确保产品质量,这种控制在纵向一体化的合作社中尤为明显。

第五,合作社与非成员、非成员企业的交易日渐增多。

第六,传统的成员控制模式正逐渐为专业的管理控制所代替,特别是在那些规模大、综合经营的合作社中。

第七,在适当控制集体资产(不可分配资产)的比重的同时,许多合作社积极拓展新的融资手段,如引入成员参股证和债券;集体资产(不可分配资产)量化到个人;传统合作社转变为新型的有限责任公司等。

第八,各国有关合作社制度的法律规定,正在朝更自由、更宽松的方向转变,更加强调合作社自我规制。近年来,立法和规章中的自我规制在许多西方国家已经成为一种潮流。

六、国外经验对我国农村新型合作组织发展的启示

以上事实表明,农村合作组织是世界农业发展的主流,要想推动我国农村生产力的改进,提高农民的组织化程度,推进农业现代化的进程,采取农村合作组织这种形式是必经之路。和国外发达资本主义国家相比,我国农村合作组织的发展起步较晚,并且曾走过一段曲折之路,只是在改革开放之后才慢慢步入正轨。虽然时间上比较短,在我国广大农村,农村合作组织已逐步显现出蓬勃发展的态势。但总的来说,我们依然要承认我国的农村合作组织发展水平仍然较低,缺乏宣传引导,没有足够的认识;注重理论发展,没有具体实践;规模较小,实力不强,发展不快;内部机制不健全;发展差异大,缺乏帮扶力度;法律地位不明晰等问题。促进和规范农村合作组织发展,借鉴发达国家发展农村合作组织的经验,对我国农村合作组织的培育和完善,具有非常积极的作用。

中国作为最大的发展中国家,农业人口多,家庭经营规模小,农业合作社无疑是联系千家万户与市场的好形式。但是,我国农村合作组织还处于起步阶段,《中华人民共和国农民专业合作社法》刚开始实施,农业合作社的发展水平远远落后于发达国家。国外农村合作组织的发展经历了长久的历程,创造了丰富的成果和经验,作为最大的发展中国家,我国在发展农村合作组织的过程中,应当认真研究和借鉴国外的有益经验,创造性地推动我国农村合作组织的发展。美国农业合作组织之所以能够长盛不衰,总结来讲,其紧密的农业合作运作机制起着关键性作用。具体地说,就在于两个方面:一是产权清晰,二是完善的利益联结机制。美国新一代合作社既坚持了合作社为社员服务的经典定义,又把合作社与社员的权利和义务变成双向。新一代合作社社员购买交易权就是与合作社签订了一个合约,规定了合作社与社员双方的权利和义务,社员必须交给合作社规定数量和质量的原料农产品,合作社必须接受社员按合约规定交售的特定数量和质量的原料农产品。这种做法不仅有效地防止了传统合作社开放社员制不限制社员交易量所导致的合作社规模不佳以及生产能力和供给过剩,而且保证了加工农产品的质量,这是新一代合作社盈利的重要保证。同时,美国新一代合作社坚持了以社员为本的原则,把合作社事业与社员更好地融合起来,在很大程度上反映了农场主

通过组织合作社投资与农产品加工以获取价值增值,是以市场为主要取向。但新一代合作社与别的投资营利组织有很大区别。最大不同是,合作社社员参与的是他们自己生产的原料农产品的加工和增值,使社员通过成为一体化的一员从经济上分享好处,又唤起其强烈的事业感责任感,从而使社员对合作社达到内心认同。而中国农民思想文化素质普遍较低,农村相对缺乏合作传统,在新型农民专业合作组织的起步阶段,必须坚持以诱致性变迁为主的原则,走一条以农民自愿为基础,通过采取多种措施,降低合作社成本,提高经济效益,尤其通过建立"当地能人带动型"合作组织,以良好的效益回报社员,最大限度实现社员的经济利益,给农民社员带来真正实惠,从而吸引社员入社。总结和借鉴美国农业合作的经验,努力探索一条符合我国自身国情的农村合作经济发展道路,有助于我国农村合作组织的进一步完善和发展。

(一)坚持农业合作社是农业生产经营组织化的主要形式

发展农村合作组织在我国农村经济领域具有客观性和必然性。在中国,个体农户在今后很长一段时间将是农业经营的主体和基本组织形式。在小规模农户经营的基础上,如果不组成强大的农民利益集团共同体,仅凭势单力孤的农户自身努力去提高农业的国内乃至国际市场竞争能力是极端困难的。因此,超农户经营组织的存在和发展成为必要,而具有多种功能并在实践中不断发展创新的农民合作社,作为真正农民自己的组织,应该成为中国农业经营组织化的主导形式。尽管美国等农业发达国家农业现代化水平高,农业合作社的规模、数量、管理方式也发生了很大变化,面临的竞争更加激烈,挑战更加严峻,但合作社始终是农业生产经营组织化的重要形式,对小规模经营的农业尤其如此。在今后很长的一段时间里,农业合作社是中国农业生产最佳组织形式之一。

(二)制定相关法律与扶持政策,创造良好的外部发展环境

发达国家为了扶持新一代合作社的发展,及时制定了有关的法律及相应的支持措施,使其发展有章可循,有法可依,为其创造了很好的外部发展环境。目前,中国各级政府虽然非常重视农民专业合作社的发展,但至今尚没有出台一部有关农民专业合作社的法律法规和明确的扶持措施,这是非常不利于其发展的。我们要进一步完善和建立健全合作经济法律体系,为农民专业合作组织的健康发展创造前提条件。要加大力度分类指导农业合作社的

发展。要明确各类合作社的性质,将税收优惠细化和具体化。要鼓励教育、科研、推广机构积极参与合作社的建设,为合作社发展提供技术、信息等方面的支持。

发展农村合作组织需要政府的支持和立法保护,这是农民专业合作组织发展不可缺少的外部条件。发达国家农民合作组织都是在本国政府直接或间接的帮助下构建和完善起来的,政府的政策支持尤其是立法保护对农民合作组织的发展起了巨大的促进作用。我国农村合作组织是由在市场经济中处于弱势的社员组成的,本身经营规模小,经济实力弱。农村合作组织与其他经济组织,往往处于弱者的地位。在市场交易的等价沟通过程中,往往缺少足够的发言权,处于被支配和被盘剥的地位。因此,必须通过法律规范的形式,明确国家对农村合作组织的鼓励和支持,以有利于农村合作经济组织,以及农村合作组织所特定的行业或区域经济的发展。西方发达国家都为合作社经济提供了较为宽松的政策环境,以支持农业这一弱势产业的发展。我国政府应借鉴这些经验,采取可行办法支持合作组织经济的发展。目前,我国合作社的立法刚刚确立起来,国家对合作社的相关扶持政策还在进一步的落实过程中。反观美国在农村合作经济的发展过程中,无不率先制定相应的法律来保障农村合作经济的健康发展。我国应借鉴美国农村合作社的立法经验,及早建立符合我国国情和历史传统,适应未来农村经济发展的农村合作经济法律体系。这主要包括以下四个方面:首先是财政支持,包括农业补助、价格补偿、取消农业附加税和其他的政策与财政支出。其次是信贷支持,国家信贷系统、财团控制的银行系统、私人信贷系统等都对合作社的发展提供积极的信贷支持。再次是税收待遇支持,对某些合作社实行免税制度。最后是科技扶持,政府在农村科技教育上加大投入,保证农业的可持续发展。

(三)健全农业合作社内部管理机制

从发达国家农业合作社的发展看,合作社的运行机制不是一成不变的,要随着社会经济发展而不断创新,以及适应社会发展的需要。目前中国农村地区农民专业合作社大部分是实行入社自愿和退社自由的原则,而且强调资本报酬的有限原则。这使得合作社对外部资金缺乏吸引力,资金只能由社员入股资金组成,由于社员人数有限,合作社资金实力非常弱小,难以有效开展各种经营活动。美国新一代合作社的运行机制值得中国借鉴。建什么样的合作社一定要根据农民的意愿,要从真正服务农民的角度出发,合作社的建设也一定要有科学的论证和合理的步骤,要有农民的积极参与,获得农民的承诺和信任。美国的农业合作社在运行中坚持民主自治的原则,以为农民服务为宗旨,维护农民的利益。这个目标能否得到充分体现,关键在于合作社是否以服务入社农民、满足其经济和社会需要为宗旨,注重产品服务的体系化。合作社的服务,不仅仅是提供技术、信息和产品销售服务,更重要的是要开展深加工领域的合作,让农民的产品获得增值,让农民充分享受产后环节带来的巨大利润,甚至这种合作应渗透到消费者餐桌,实现一体化服务。合作社的发展形式应灵活多样,如今发展农民合作社的社会经济环境发生了巨大变化,国际合作社运动出现了许多新的趋势,因此,我国的农民专业合作社要切实服务农民,满足农民的需要,维护农民的利益,成为实实在在的群众性服务组织。

我国的农民专业合作社应该借鉴美国合作社现代企业的组织管理方法,实行社员大会、理事会和监事会分权制的组织管理经验,逐步完善我国农民专业合作社的内部管理和运行机制。在坚持为社员服务的宗旨下,完善民主管理和利益分配机制,以实现公平和效率的完美结合。可以参考美国在坚持传统的合作经济原则的同时,不同程度地对传统原则有所创新的发展思路。在遵循按交易额分配的同时,适当增加了按股分配的比例,并严格限制红利的年率不得超过8%。美国"新一代合作社"的模式对我国农民专业合作社的再造很有借鉴意义。要把握好提高管理水平和加强融资能力两个关键点,促进合作社的壮大和发展。在合作社的成长过程中,一定要有懂经营、会管理的人来管理,要积极引进专门管理人才。同时,要有顺畅的资金注入渠道,支持合作社业务的正常运行和发展。

(四)借鉴美国新一代合作社自身内部资金积累能力的经验

在世界经济社会环境发生巨大变化的同时,各国合作社更加注重资金对合作社发展所起的关键性作用。美国新一代合作社关注自身内部资金积累能力,通过定量确定合作社最佳经济规模和资金需要量,以股金筹集机制的方式获得大量资金,同时用有效利益分配机制吸引外来投资。大量资本注入使得新一代农业合作社在发展农村合作组织的同时拥有更高的管理效率和市场行为调节能力。同时,新时期中国农民专业合作社要借鉴美国新一代合作社的发展经验,充分利用良好外部融资环境提高合作社资金筹集能力,以及利用优惠财税政策提高资金实力,提高合作社自身的资本运作能力。

由于各地农民专业合作社发展的情况差异很大,因此,要加强对不同地区专业合作社发展的经验和模式研究。总的来看,中国中西部欠发达地区适合发展比较典型的传统合作社,其发展模式和已经出台的农民专业合作社法比较接近;在经济发达的中国东部沿海地区,应以美国新一代合作社为发展方向,加大对农民专业合作社的资金注入,注重资本对于合作社经济组织运行的有效促进与调配,用民间资本盘活合作社经济的高效运行。在承认个人产权的基础上,使个人资金变成为联合资本,加大资本的聚集程度和有效利用程度,使得个人支配决策变成共同支配决策,个人享有的好处和承担的风险变成利益共享和风险共担,推动农村经济向更高层次发展。

(五)大力培育和发展龙头企业

随着国际贸易体系的变化和激烈的市场竞争,区域性的合作社面临着地域、政策的多方面合作限制,因此需要各地的合作社逐步打破其地域限制和成员身份限制。同时各地政府应培育一大批规模大、实力强、科技含量高、辐射面广、带动力强的龙头企业来共同促进农村合作经济组织的发展。对于地区性农业产业龙头企业可关注其几方面的发展:首先,打破地域、行业、所有制的界限,催生、扶持龙头企业,以效益、规模、辐射力和带动力为标准确立龙头企业地位,辅以政策优惠,使其充分利用本地资源优势,围绕主导产业进行项目建设,带动合作经济的发展;其次,对有一定规模和基础、资本实力较强、知名度较大的企业,可通过增资、改造、改制等方法促进其进一步发展;充分发挥龙头企业在技术、信息、资金和管理等方面的优势来为农民服务,使龙头企业与农户、生产基地、合作组织之间形成紧密联系的一体化格局;提倡本地的民营企业与合作组织结合,采取"1+1"或"1带1"的帮助办法,引导农民接受现代管理经验,提高市场准入水平,促进农业市场化、产业化、现代化的发展。

(六)政府对农村合作组织要给予必要的扶持

国外的实践表明,农民专业合作社的健康顺利发展离不开政府的鼓励和支持。我们应借鉴美国的经验,积极协助组建各种专业合作组织,制定法律保护合作社的发展,还为合作社的发展提供各种优惠,如税收优惠、信贷优惠等。基层政府应及早实现角色的转换,为专业合作社的发展提供有力的外部环境。并可采取适当的产业倾斜政策，从产业结构、产业组织、产业技术、产业布局等方面体现出对专业合作社的支持。

▶基础训练

素质题：结合国际上一个成功合作社案例，谈谈对我国合作社发展的启示。

技能题：结合资料，撰写国外合作社特点的文章。

知识题：结合国情，谈谈国内外合作社的不同。

新农村建设中合作社展望

▶素质目标

浅谈合作社发展对新农村建设的重要性。

▶技能目标

概述新农村条件下合作社发展概况。

▶知识目标

1.新农村建设的意义。

2.新农村建设中合作社发展的意义。

▶阅读材料

目前,中国的农民专业合作社在各级政府的引导、有关部门的关心、支持和农户的积极参与下有了较快的发展,已经成为社会主义新农村建设的有效载体。但是,作为一项新兴的产业,农民专业合作社在成长过程中仍存在发展不规范、缺乏专业人才、资金匮乏等困难和问题。如何在提高农民专业合作社的组织化程度上取得重大突破,推动农民专业合作社又好又快发展?最近,我们对山西省绛县农民专业合作社的发展情况进行了调查,从中得到了一些启示和思考。

产生的社会效应。截至 2008 年 6 月底,绛县已成立各类农民专业合作社 62 个,成员 368 个,资金 1852.4 万元。农民专业合作社的产生和发展,对农副产品加工企业、农户和市场,对促进农村经济发展、推动农业产业化经营和农民增收发挥了不可替代的作用;农村信用社通过对农民专业合作社的信贷支持,进一步拉近了信用社与政府、农民群众的关系,促进了自身业务的发展,实现了社会效益和信用社经营效益"双赢"的目标。具体来说,实现了"五个促进"。

一是促进了农村经济社会化、产业化的进程。二是促进了生产要素的有效整合。农民专业合作社把农民资金、技术、生产、营销有效组织起来,形成规模经营新格局,取得了良好的规模效益。三是促进了农产品的科技含量和竞争力。农民专业合作社大多是以种植能手、致富能手和科技示范户为主体,他们把农业先进实用技术迅速有效地传授给成员农户,缩短了农业科技成果转化周期。四是促进了农民收入的快速增长。五是促进了信用社自身效益的提高。通过对农民专业合作社的大力扶持,信用社在广大农民群众心目中树立了良好的口碑。

存在的困难和问题认识不到位。按照《农民专业合作社法》的规定,农民入股采取"自愿入股,退社自由,民主管理,盈余返还"的原则,但现在农民专业合作社不敢向农户入股要资金。其主要原因是多年来遗留在老百姓心中缴费的阴影还在。这样,合作社的运作资金、开展活动等费用,基本上都是发起人自己垫的,严重困扰着合作社的发展。

扶持资金不到位。中央制定了一系列优惠政策,山西省财政拿出500万元,市财政拿出30万元,支持农民专业合作社的发展;但到县级财政扶持资金未能落实。各职能部门协调不到位。党中央、国务院给予专业合作社一系列优惠政策,但各职能部门仍然各行其是。

专业合作社运作不到位。一是机制不健全、运行不规范,农民对合作社认知程度较低;二是专业合作社带头人缺乏;三是法律地位不明确,限制了合作社功能的发挥。有的合作社不依法进行登记,不能以市场主体身份参与组织,不利于合作社作用的发挥。

规范发展的建议从总体上看,农民专业合作社有数量,但质量不高;有成绩,但问题也不少。因此,在推进农民专业合作社规范发展中,我们建议加强政府推动力度,营造良好发展环境。由"政府引导,部门联动",开展"帮生、帮长,帮规范"行动,"帮生"就是要加强指导,制定落实优惠政策,鼓励农民入社或创办合作社;"帮长"就是政府各部门要加大财政支持和金融、流通、人才、科技、信息的服务力度,帮助合作社茁壮成长;"帮规范",就是要做好合作社的规范管理工作。

规范内部运行机制,增强发展活力。当前主要做好以下几项工作:一是健全机构设置。除社员代表大会、理事会外,还应设立监事会,建立有效的监督约束机制。二是建立一套严谨的管理制度,以保障农民专业合作社的健康发展。三是要加强服务协调功能。四是选好领头人。

坚持支农定位,改善信贷服务。农村信用社要变"坐等放贷"为"主动营销";大力推广农户小额信用贷款、农户联保贷款、支农信用卡贷款、农贷公司担保贷款等多种贷款方式,切实解决贷款难问题。

组建农民专业合作社贷款担保机构,切实解决担保难。针对目前农民专业合作社注册资本少、抵押资产缺乏的现状,为合作社寻找有效的担保机构,是解决其贷款难的途径之一。各级地方政府要积极推动组建专门的农业担保公司,为农民专业合作社提供信用担保服务。为支持成立农业担保公司,地方财政应适当注入资金,同时依托经济组织或市场主体入股,严格按市场化要求运作,并把补充担保公司资本金列入每年财政预算,确保到位。政府还可以出台相关政策,鼓励其他各类担保公司为合作社提供担保业务,以降低金融部门贷款风险,提高信贷支持农民专业合作社的积极性。

坚持风险防范,实现"双赢"效应。目前农业发展中的抗风险能力还相对薄弱,特别是农民专业合作社实行的是规模化经营,还要受到自然环境、经营管理、产品市场等多种因素的制约,不可避免地存在着信贷风险。因此,农村信用社要做到信贷支农与防范风险相结合,以实现农民专业合作社和农村信用社的"双赢"目标。

（资料来源：http://www.agri.com.cn/doc/2008/8/5/170888.htm）

建设社会主义新农村是中国的一项重大战略决策,农民专业合作社是促进社会主义新农村建设的有效途径。近年来,在政府积极鼓励和大力扶持下,各地农村大力发展以农民专业合作社为载体的农村合作组织,促进农村经济发展,加快社会主义新农村建设的步伐。由于农民主体地位严重缺失,使得农民专业合作社的发展进程受到很大制约。实现和保障农民主体地位,必须充分发挥政府和社会这一具有推动作用的重要外因作用。政府要切实运用引导支持机制,规范合作社经营管理;落实合作社利润分享政策,使农民利益得以实现的前提下,提高其积极性和主动性;完善合作社民主监督机制,维护农民监督权,保障合作社规范运行;通过农村职业教育,提高农民综合素质;促进全国合作社产业化联合发展,实现合作社规模化经营。只有充分调动农民的主动性和创造性,才能为农民专业合作社发展提供源源不断的内在动力,从而稳步推进社会主义新农村建设的历史进程。中国农业合作经济组织发展的动因,体现了在宏观上确立社会主义市场经济制度和微观上保持家庭承包责任制的前提下,现阶段中国农业经济运行的内在规律和农业利益主体的行为初衷。

一、新农村环境下农民专业合作组织发展的关键因素

组织是对不确定性的一种控制。农民专业合作组织是农民的联合组织,较好地解决了农民组织化程度低,提供的农产品质量不稳定,难以适应市场变化等问题,为农业生产者提供了一定的安全保障。农民专业合作组织的发展使一家一户的小生产形成一定的规模经济优势,严格地规范统一农产品的质量,提高了农民抵御市场风险的能力,内化了农业经营风险;而且通过契约安排,与成员签订生产合同,按保护价收购成员按组织要求生产的农产品。农民专业合作组织利用组织的集中资金开展农业生产抗击自然灾害的物质和技术支持,这大大减少了农民生产的盲目性和自然灾害对农产品的影响,弥补了农民独自面临自然风险的副作用。对于农民,尤其是风险厌恶型的我国传统农民而言,通过组织分摊风险,既是抵御自然风险的有效方式,更是应对市场风险的有力手段。

第一,获取组织的利润返还。农民专业合作组织采用合同契约,按交易额(量)和按股分红等方式把组织的部分利润转移给农民,使农民得到农业生产以外的利润。利润以交易额(量)分配为主在成员之间进行盈余分配,交易额(量)既是成员加入农民专业合作组织的必要条件,也是农民专业合作组织得以可持续发展的衡量指标。在按交易额(量)分配的基础上,实行适当的按股分配,按股分配的比例由社员大会决定,一般高于银行同期利率、低于按交易额(量)返还。农民专业合作组织进行股金分配,并对不同股金采取有差别的分配方式:一是成员凭身份股取得分红,同时获得由农民专业合作组织按照交易额(量)进行的利润返还;二是分红率高于身份股的投资股(优先股)的分红,投资股的确立有利于农民专业合作组织吸收资金,扩大经营规模。需要说明的是,农民专业合作组织是弱势农民的联合,投资股的股金额和管理权限等方面会受到一定的限制,这是合作组织与股份企业的重要区别,体现出"劳动雇佣资本"。

第二,组建者的收益预期。农民专业合作组织的组建者从机会成本和会计成本双视角对组建成本和收益进行权衡。收益分配机制是影响组织的组建者收益,进而影响组建者组建农民专业合作组织的主要动力。当农民专业合作组织的收益可以合理分配,且在主要方面有利于组建者时,农民专业合作组织将得以顺利组建并可持续发展。

(一) 农民的参与

农民参与农民专业合作组织的直接动因是追求农产品增值、规避生产风险、获取组织的利润返还;此外还有组建者对组织的收益有较高预期。政府支持农民专业合作组织发展的直接动因是更好地对农业、农村进行必要的宏观调控,推动农业科学发展,促进城乡一体化。

农民出于增加货币收入的动因参与农民专业合作组织,这体现出农民积极寻求增收途径,增加物质利益回报,向往幸福生活的初衷。这符合依靠农民的自身创造力和开拓进取力发展农业生产的思路和实际。

农民参与农民专业合作组织的直接动因是组织可以给他们带来好处,这种好处是多方面的,大致可以总结为:农产品的增值、规避农业生产的风险、组织的利润返还和组织组建的良好收益预期。

1. 追求农产品的增值

对于家庭经营的农民来讲,出于财力、人力、物力等限制,独自实现对农产品的技术和加工增值是难以做到的。农民通过农民专业合作组织,可以低成本地获得农业生产经营过程中所需要的各种技术和信息。利用技术和信息资源,农民可以按照市场的需求引进和推广新品种、新技术,有效地改善和提高农业生产的技术装备水平,提高农产品的技术含量,增加盈利能力。农民专业合作组织通过实行生产、加工、销售的一体化经营,改变了长期以来农民游离于农产品加工增值外的状态。通过农民专业合作组织实现的农产品加工,延长了农业产业链,帮助农民连接了"田间"和"餐桌"。农民日渐成为农业体系的收益主体,阻止了被"边缘化"的趋势。

2. 规避农业生产的风险

农民自主经营,自负盈亏,自担风险,出于对现金的需求和对现代工业产品的需求,农民必须参与到市场竞争中。然而,分散的农民面对瞬息变幻的市场,总是处于弱势地位,常常因为不能及时反应或调整生产而遭受风险损失。农产品的现实买方垄断以及土地经营面积和种植效率的限制使农民难以通过多样化种植来分散农业生产风险。农业生产风险包括市场风险和自然风险。市场风险方面,农民对市场供给和需求的信息难以把握,致使生产上经常一哄而上,产品结构趋同,农产品价格大起大落,增产却不增收。这样的市场风险使得农产品的使用价值和价值的惊险跳跃难以顺利实现。自然风险方面,由于农业生产的自然连续性与长周期性,很难通过内部控制进行及时有效地扩大或组建者对收益的预期也同农产品的价格风险有关,农产品的价格风险发生的概率相对较小时,组建者预期的合作收益也相对较少,组建者付出比普通农民更高的组建成本,但预期收益并不可观,这种情况下组建农民专业合作组织的动力将弱化;当农产品的价格风险发生的概率相对较大时,合作的预期收益也较多,组建农民专业合作组织以达到规模经济的收益也相对越多,组建者组建农民专业合作组织的动力将随之增强。

(二)政府的支持

政府扶持农民专业合作组织的动因在于通过农民专业合作组织这一经济载体,可以更好地统筹城乡发展,更好地把握农产品市场的运行态势,以便更具针对性和有效性地落实经济政策和宏观调控。从国家层面上讲,农民专业合作组织的发展具有重要的政策和现实意义。

在一国的工业化进程中,受农业自然因素、生产技术、生产过程和农产品需求弹性的制约,工业的劳动生产率远高于农业,这决定了一国政府必须建立一种保护机制,使农民分享工业化带来的利益,以巩固国民经济的基础。这种保护机制除了政府制订的各项农业保护政策外,主要通过支持农民专业合作组织把分散的农民联合起来,在自愿、互助等原则下,使非农产业的收益以平等交易的方式返还给农民,使农民分享到工业化的文明成果。另外,在市场经济条件下,政府在管不好和不该管的政府措施失灵方面,需要转变管理方式,在政府与农民之间建立农民专业合作组织这样的非政府组织。

我国处于典型的农业国向工业国转型的漫长历史时期,我国政府对农民专业合作组织的支持在"以工促农"的动因基础上,还有以下两方面的动因。

1. 贯彻落实科学发展观

统筹城乡发展是科学发展观的内涵之一。农民专业合作组织可以推动农业中的种植、养殖、农产品加工和销售以及人才、信息、金融、科技、教育等产业链条的延伸和对接,从而促进城乡一体化,实现城乡经济社会协调发展。农民专业合作组织是搭建在城乡之间一个组织载体、联系载体,能够有效地实现工业反哺农业、城市反哺农村。另外,在农村剩余劳动力的转移问题上,农民专业合作组织可以有效地延伸农业产业链,以此拓展农业领域的就业空间容量。

2. 有效进行宏观调控

农民专业合作组织是政府调控和指导农业经济发展的一种有效载体,是农业各部门与农业之间的一条合理纽带,也是农业各相关生产经营者沟通的一座桥梁。政府可以通过农民专业合作组织把政府对农业的相关产业政策更直接、更准确地传递给农民,实现低成本地规范农业生产经营秩序,加强行业自律;可以引导和扶持农民扩大生产,适应市场经济步伐,积极稳妥地开拓国内外市场;可以有效地稳定农产品价格,形成合理供求,保证农产品价格的正常增长机制运转,抑制食品类产品的价格起伏。如果农业生产发生在自给自足的自然经济形态中,农民生产出来的农产品基本上用来自给自足,那么农民之间的合作就没有必要。如果利用非经济手段强行地把不同的农民组合到一起,反而会阻碍生产力的发展。因此,当农民之间出现相当的社会分工,生产流通的各个环节需要由不同的组织去完成时,农民专业合作组织便应运而生。

3. 市场经济的发展

市场经济是在规模生产的基础上发展起来的。市场经济要求规模化生产的原因是:(1)优胜劣汰的市场经济是质量和品牌经济,规模化生产有利于统一管理、统一成本,实施标准化生产。特别对于农产品来说,规模化生产更容易确保质量的统一和安全。优质的产品是品牌出现的必备要素。农民专业合作组织在农产品领域形成的规模经营是创品牌、拓市场提高农业生产率的有效途径。(2)市场经济是技术经济,规模化生产有利于更好地采用先进的农业技术,更好地实施机械化,加快农业科技推广,提高农产品的技术含量。

农业生产的分散性是由农业本身的自然与经济特性决定的。随着生产力发展的要求和市场经济对生产力更深入的促进作用,农民专业合作组织这一制度创新使分散的农民可以联合起来,一家一户的小规模生产能够集结成规模化生产参与市场经济的资源配置,无疑有利于农业生产力的进一步解放和发展。

因而,农民专业合作组织发展的根本动因是生产力发展的要求,是农业生产关系逐步自我完善和调整以适应和促进生产力的客观表现。生产力的发展催生出制度创新、商品经济和市场经济的繁荣。

4. 农产品的市场交易成本

康芒斯在《制度经济学》中把"交易"区分为三种类型：表现平等人之间自愿交换关系的市场交易、表现长期契约规定的上下级之间命令和服从关系的企业内交易和表现法律意义的上下级之间关系的政府交易。罗纳德·科斯认为交易是有成本的，交易成本是人们完成交易活动中支付的搜寻信息、谈判和签约成本、监督和执行合约成本等。科斯发现，利用价格机制是要付出费用的。在交易活动中需要知道价格，需要进行谈判、签约、验货、解决争议等。这些费用就是交易成本。交易成本理论的集大成者威廉姆森在 1985 年指出，交易成本的产生源于人类的有限理性、机会主义以及资产专用性的假设条件，当这些交易成本达到足够高的程度时，相应的组织就会出现并替代市场组织，从而降低交易成本。

农民通过农业合作经济组织能够恰当地把自己的意愿、要求和建议及时反馈给各级政府，这有助于加强政府对农业宏观调控的针对性和时效性。总之，政府通过农业合作经济组织对农业进行有效的宏观调控，是适应中国社会主义市场经济发展和巩固国民经济基础的客观选择。

（三）生产力的发展

事物是不断变化发展的。作为最活跃的生产力，生产力的发展是随着历史的推进不断革新的。农业生产力的发展使得农业生产关系随之进行调整，改革和制度创新符合客观规律。农业生产力的发展是催生农民专业合作组织发展的一个根本动因。

农民专业合作组织的发展是农业生产力发展的要求。生产力是活跃的，在生产力的发展中，农业生产关系不断随之调整，制度创新是其调整的主要形式。

生产力的发展，客观上要求与之适应的生产关系。我国的农民专业合作组织发展属于农业生产关系范畴，农民专业合作组织与农业生产力的相互关系如下。

1. 生产力催生制度创新

当一种生产关系在产生和确立的一段时间内与生产力性质基本适应时，这种生产关系便会促进生产力的发展。这期间，生产关系如有不适应生产力的方面，生产主体便会自觉或不自觉地进行某些调整或制度创新，这些调整或创新不会引起生产关系的根本变革，但通过不断适应生产力的发展，达到两者良性互动的态势。农民专业合作组织作为农业经济关系中的制度创新，是农业生产力发展的客观要求。

2.商品经济的发展

我国农村实行家庭联产承包责任制以后，农民有了生产自主权，极大地提高了生产积极性，给农民带来了强烈的商品生产意识，为农业的商品经济发展创造了条件。然而，商品经济发展到一定阶段后，农民按照市场需求进一步发展商品生产的愿望和单一农户分散经营的矛盾日益凸显，农民需要得到包括生产、管理、销售、资金、加工、运输、仓储等多方面的服务。在农民的自发组织之下，各种专业性的合作组织应运而生。社会分工是商品经济存在的基本条件之一，农业生产越走向专业化、市场化，就越将外部交易内部化，避免自身或非自身因素导致的负外部性影响。

(四)农民直接进入市场的交易成本

在市场经济条件下，市场交易普遍存在，其伴随的市场交易成本成为市场主体面临的主要问题。农业领域的市场交易成本主要分散于各个农民之间，相对贫穷的农民亟待减少交易成本。农民专业合作组织是内化农民交易成本的有效形式，因而减少农产品市场交易成本是农民专业合作组织发展的又一根本动因。减少交易成本成为农民合作的动因，一方面是农民参与市场竞争的需要，另一方面是市场经济的本质要求。

1.农产品买方垄断的成本

买方垄断是指在市场上，商品的需求方具有垄断优势，处于垄断地位，而供给方处于充分竞争状态。由于农产品具有相对较高的同质性，且生产者人数多而散，以至农业成为市场竞争最激烈的产业之一，大宗农产品市场和完全竞争市场最接近；与此相反，采购农产品的中间商和加工商相对集中，在一定程度上具有买方垄断的市场控制力，这种买方垄断的市场控制力因农产品的季节性特征和易腐烂性质而加强。农民在农作物收获后便会遇到上述的买方垄断，农产品潜在和现实的买方利用垄断力，借助信息、资金、营销等低价采购农产品，显而易见的是农民也须在短时间内卖出农产品，不可能把农产品留存下来逐步去寻找适合自己的买主。急切出售农产品的农民难以找到筹码与买方交涉和讨价还价，相反由于农产品的生产者数量众多且分散经营，市场竞争充分而激烈，买方可以主动挑选价格对自己合适的卖方。可见，农产品市场中的买方垄断使农民被动接受低价采购，增加了高额的交易成本。

我国的人口众多,农民人口约占总人口的2/3,具有人多地少的显著特性。出于我国的现实国情、农业制度安排和农业特点,耕地的细碎化与经营规模的狭小化使得农产品市场更易处于买方垄断的局面。根据中央政策研究室和农业部对我国农村固定观察点20267农户的调研,平均每个农户的土地经营规模为0.51公顷,平均分为6.1块,平均每块0.083公顷。其中,单一农户土地经营规模在0.33公顷以下的占54%,0.2公顷以下的占34%。土地经营规模的小型化、分散化,既不利于农业生产力提高,也难以摆脱农产品销售中的买方垄断所增加的交易成本。

2. 契约成本

契约成本就是市场主体在收集和传播信息,以此找到有交易意向的对象后,与交易对象签订合约发生的成本。契约成本源于契约的不确定性和不完全性。为克服契约的不确定性和不完全性,交易双方在签订契约的过程要支付成本:第一,交易双方在契约的有效期内,对不确定的事件进行可能性预测所支付的成本以及处理这些事件所要支付的成本;第二,制订契约过程中需要支付给公证机构或律师等的成本。

在市场经济条件下,市场交易双方签订契约是平等互惠的关系,但在现实经济环境中,这取决于双方市场力和组织力的强弱。随着我国农业市场化进程的加快,交易活动繁多、复杂且多变,农民与农民之间、农民与企业之间以及农民和政府之间面临诸多交易。农民日益成为独立的商品生产经营主体,市场交易的不确定性增大,交易成本日渐高昂。由于信息不对称、道德风险、资产专用性和负外部性的存在而产生较高交易成本的状况促使农民专业合作组织产生和发展。农民专业合作组织可以把交易成本较高的市场分工活动内化到组织内部。

3. 信息成本

信息是一种稀缺的生产要素。信息不完全和信息不对称使得信息存在成本。市场价格体系能够反映供求信息,但是这需要市场主体花费时间、精力,动用资源去主动搜寻、分类、辨别。信息成本主要是支付收集和传播市场供求信息并寻找交易对象的成本。

信息是不完全的。不完全信息具有经济现实性,是价格体系运行的现实体现。乔治·J.斯蒂格勒在《信息经济学》中指出:交易双方各自接受的价格是一个组合而非单一点,价格存在普遍的离散现象。世界的多样性决定了在变化的经济环境中,商品的供求信息也是不断变化的。不但消费者偏好和生产者的技术水准等变量具有不确定性,而且经济政策等相关信息对交易活动可能产生的影响也具有不确定性。信息也是不对称的:一方面是社会分工导致的行业信息不对称,另一方面是市场主体获取信息能力的不同。家庭承包经营责任制下的个体家庭农户,农产品的经营分散且规模小,农产品的生产过程又具有不可间断性,这使得农民无力花费必要的时间和精力去搜寻市场信息。中国大多数农村的基础设施不完备,市场信息既不充分又不准确及时。信息障碍使得农民与农业产前、产后部门掌握的市场信息在质和量两方面存在严重的不对称。农民在生产交换中,由于收集信息的渠道少,经常受市场的片面、局部信息影响,导致农业生产经营出现盲目性,一哄而上、一哄而下的现象时有发生。

农民的组织性差,没有热情去关注市场。单个农民直接寻找市场信息、开拓市场,不仅成本很高,而且往往入不敷出。大量农民在缺失信息资源的情况下,直接或间接地支付信息成本。同时,农民相互之间的卖方竞争,争相降价,也使得交易成本大大增加,收入明显减少。

4. 储运成本

农产品生产通常具有区域集中的特性,人们的需求则具有分散性,因而农产品销售是从集中到分散的过程。储运本身就需要仓库等基础设施和较完备的交通运输工具,这是很大一部分成本。储运成本往往在农产品最终价格中占有较高的比例,有时高于农产品的生产成本。我国的农产品产地大多距离农产品交易市场较远,特别是在交通运输落后的地区,远离农产品交易市场使得农产品出售困难,加上仓储设施功能缺乏,保鲜、加工技术落后,使得农产品面临低价的"就地出售"困境。为了走向大市场,避免低价被动收购,农民无疑需要对农产品进行仓储和运输。

更重要的是,农产品的鲜活、易腐性要求在仓储和运输过程中采取必要的措施以保证农产品顺利、完整、合格地进入消费市场。这其中的储运成本也是高昂的,例如绿色蔬菜从采摘地到交易地,需要快速的运输体系和畅通的交易体系;粮食储存在仓库中,为了控制粮食的水分,要定期进行通风、烘干;肉类需要进行冷藏处理,随着肉类食品多样化和分类化的需求,在其储运和流通时需要分类、整理、加工等。农产品在储运过程中,随着距离和范围的越来越大,农产品储运越来越需要特定的容器和设备,并采取相应技术措施来降低固有的、一定比例的农产品损耗。储运农产品的成本将随着市场的逐步扩大和农产品新鲜化需求的增加而日益显露。

(五)信息不对称状况

首先,当农产品的质量鉴定需要支付较高成本时,农民专业合作组织会加速出现。例如,蔬菜、水果的农产品质量鉴定时,对于是否农药超标或含激素、转基因等问题是需要投入一定的人力物力来进行衡量的,这环节由于交易双方的不完全信息使得交易成本较高,农民直接和农产品需求方进行交易存在障碍。其次,在买方市场的条件下,消费者的需求日益多元化,对农产品的质量安全重视程度越来越高。农民专业合作组织可以以较低的成本统一生产过程、统一质量标准,并且通过商标注册、品牌建设和质量认证将相关农产品的质量信息传递给消费者。

农民专业合作组织可以深入到农产品的生产、加工阶段,这有利于有效控制农产品的质量,纠正农民和消费者之间的信息不对称。

1. 降低道德风险

在我国农业产业化的"公司＋农户"模式中,公司和农户是截然不同的利益主体。由于道德风险的存在,使两者契约的约束力更加薄弱,不能有效保障双方利益,难以实现合作共赢。为克服"公司＋农户"模式的道德风险缺陷,"公司＋农民专业合作组织＋农户"的模式便应运而生,该模式能够使公司、农民专业合作组织、农户成为一个利益共同体。农民专业合作组织作为公司和农户利益联结的桥梁,从利益关系上减少了违约行为的发生,实现了交易的顺利进行,降低了市场交易成本。

2. 减少资产专用性较高的状况

当沉没资本在农民的农业生产投资中占较高比例,或是农产品自身的保鲜要求很高,造成农产品在短时间内转移到可替代的市场难度随之增大时,农民便会失去自主选择交易伙伴的机会,易遭受交易伙伴机会主义行为的侵害。较高的资产专用性导致市场交易存在机会主义,机会主义使农民的实际收入经常难以实现,这促使农民参与农民专业合作组织以减少资产专用性的程度。

3. 降低负外部性的影响

在农产品生产和交易的过程中,相邻交易者的行为会在有意无意中使市场交易出现外部性。一些农民的农产品部分或阶段性出现质量问题时,负外部性会迅速扩大效应,导致大量相关农民的农产品交易发生危机。这种负外部性的存在,大大增加了潜在的市场交易成本。个体农民的农产品具有同质性,农产品供给市场几近完全竞争,而农产品的直接和间接需求市场几近垄断。农民依靠自身的力量从事市场交易,在各种谈判中必然处于弱势地位。个体农民拥有的农产品数额小、品种少而且农产品不宜久存,再加上农民资金缺乏,急迫交换,所以在谈判过程中易出现不合理的妥协和让步,使自己在谈判中成为价格的被动接受者,受到各方势力的利益侵蚀。农民直接进行市场交易时,出于在讨价还价中的被动局面和自身素质、视野限制而被动接受对自身不利的交易细节,从而增加了交易成本。单一农民和强势买方这对不平等的交易双方对农产品的质量标准往往很难达成一致或缺乏共同遵循的标准和明确、简易的测度方法,这增加了交易的难度;即使交易双方协商顺利,达成契约,弱势的单一农民也会由于在协商和契约签订中缺乏法律、现代信息和知识的帮助而再次处于不利的被动地位,被动的契约无疑进一步增加了农民的市场交易成本。

二、新农村建设中的合作社发展

新农村建设背景下以农民为主体的专业合作社发展研究提高对农业知识的了解;合作社发展中坚持农民主体地位,发挥农民的话语权,了解合作社的知识,增长农民的认识,提升农民的文化素质和涵养。农民通过对合作社的参与管理,增加了管理知识,培养了自身的知识层次。合作社的发展中,坚持农民的主体地位,通过实践使农民逐步掌握科技知识,了解市场价格规律,了解金融和银行的交易程序,提升农民社员自身的素质。在合作社的发展过程中,坚持农民的主体地位,促进农民素质的提升。

(一)有利于促进合作社民主管理

坚持农民主体地位间接实现合作社民主管理。民主管理与民主思想意识的提升密不可分。坚持农民主体地位,使农民认识到自己是合作社的主人,农民具有管理合作社的权利,提升农民社员的民主思想。坚持农民主体地位,共同商议合作社的经营和管理,提升农民民主管理的思想,促进合作社民主管理。在合作社发展过程中,坚持农民主体地位,有利于实现合作社的民主管理与科学决策。通过民主管理,为合作社的发展注入公平的理念,有利于合作社长远发展。合作社发展中,要坚持农民的主体地位。

（二）以农民为主体的合作社促进农业经济发展

以农民为主体的合作社发展具有促进农业经济发展的作用，实现农民增产增收，同时具有促进社会经济发展和促进精神文明建设的作用，促进农民向新型农民转变，为我国城镇化建设提供了契机。数据显示，合作社发展增加农民的收入，可以使他们生活宽裕。合作社具有促进农村经济发展的作用；合作社发展过程中强调坚持农民的主体地位，发挥农民主人翁的主体作用，使农民真正的当家做主，行使自己的话语权。合作社发展中坚持农民的主体地位，促进农民在多方面的改变，使农民的能力提高，有助于农村经济的发展，以农民为主体的合作社发展，将真正体现农民的主体地位，发挥农民的主体作用，使农民成为农村经济发展的主人，成为市场经济的一分子；坚持农民的主体地位，促进农民见识和能力的增加，使农民和城市居民享受平等的待遇，促进和谐政府的发展；坚持农民主体地位，发挥农民的主观能动性，促进农业经济的发展，实现农村城镇化发展；通过坚持农民的主体地位，带动农村经济的发展，带动相关产业的发展，促进农村服务业的发展，实现我国经济的全面发展。

"村容整洁"，依靠农民去整理和打扫村中街道，维护村庄的整洁，使村庄保持长时间的干净和整洁，实现村容整洁的目标；"管理民主"，实现基层民主管理，离不开农民的监督和参与，农民运用自身的知情权和话语权，对乡村的事物进行监督和了解，在一定程度上促进基层民主的实现。新农村的建设需要农民，必须依靠农民。农民是新农村建设的主力军，在新农村建设中坚持农民的主体地位，发挥农民的积极性和创造性，促进新农村的发展。

（三）坚持农民主体地位是合作社健康可持续发展的需要

合作社的发展需要坚持农民的主体地位，发挥农民的主体作用。依据哲学的内外因原理，事物的发展需要发挥内外因的作用，外因起辅助作用，内因起决定作用。合作社发展中政府和社会对合作社的发展具有推动和指导作用，农民具有内因决定作用。通过坚持农民的主体地位，发挥农民的积极性和主动性，发挥农民的内因决定作用，实现合作社的长远发展。农民是合作社的创造主体和价值主体，合作社的发展要依靠农民，合作社发展的目的是为农民提供服务，合作社的发展要考虑农民的利益。

(四)有利于维护农民的利益

坚持农民主体地位,是维护农民利益的途径之一。农民真正享有同等的公民待遇才能维护农民享有的权利和义务。坚持农民主体地位,农民的利益得到保护。坚持农民主体地位,农民的意愿被社会重视,农民的权利受到保护不被侵犯。合作社发展中,坚持农民的主体地位,满足农民购买生产资料的需求,实现农产品的销售,促进农民增产增收,获得免费培训和技术指导,维护农民的利益。合作社发展中坚持农民主体地位,合作社为农民提供优质的服务,尊重农民的意见,不侵犯农民的权利,农民利益真正受到保障和维护。

(五)有利于提高农民的文化素质

坚持农民主体地位,提高农民的文化知识。农民素质提高与主体地位的确立是紧密相连的关系,坚持农民主体地位是提高农民素质的前提和基础。改革开放后实施的家庭联产承包责任制解放了农村劳动生产力,提升农民在社会经济中的地位,提高了农民对农业知识的掌握程度。坚持农民主体地位与农民素质的提升具有关联性,坚持农民主体地位有助于提升农民的文化素质。合作社发展过程中,坚持发挥农民的主体地位,通过向农民提供技术和信息服务,提升农民的知识水平,新农村建设背景下以农民为主体的专业合作社发展研究农民发挥主观能动性,发挥主体作用自主接触新知识,适应知识经济的发展。知识经济的到来,需要坚持农民主体地位,发挥农民主体作用。

创建和谐政府,需要发挥农民的主体地位,实现农民与政府和谐互动。封建社会,中央政府与农民是领导与被领导的关系,两者处于不平等的地位,被领导的地位压制了农民创造性的发挥,阻碍社会和谐发展,限制经济的发展。新中国建立后,农民实现了当家做主的愿望,法律赋予了农民充分的权利。由于制度缘故农民与政府之间存在距离感,政府和农民没有真正实现和谐一家亲的愿望。进入 21 世纪以来,中央政府号召建立和谐政府,改变政府与农民不和谐的相处方式。建立和谐政府,一方面要求政府部门要亲力亲为,想农民之所想,做农民想做的事情,全心全意为人民服务;另一方面应该提升农民的主体地位,赋予农民充分的权利,实现农民和政府的平等,努力创建一个和谐政府。坚持农民主体地位,是创建和谐政府的必经途径。

经验表明,历史发展要坚持农民的主体地位。改革开放后,我国农村实行家庭承包经营责任制,实行包产到户的农业政策,调动了农民的生产积极性,解决了农民基本温饱问题,促进了农业经济的发展。事实证明,依靠农民的力量,是解决农村问题的根本途径。农村经济的发展离不开农民的推动作用。农民群众是财富和智慧的创造者,是农业生产活动的实践者,是历史发展的推动者。现在我们仍应该坚持农民的主体地位,发挥农民的主观能动性促进农业经济的发展。坚持农民主体地位,发挥农民的主体作用,是历史和经济发展的要求,是实践检验的真理。我们应该加大对农民的重视,坚持农民的主体地位,通过农民素质水平和文化水平的提高,实现农民真正强大并促进农业经济的发展。

三、坚持农民主体地位是新农村建设的本质要求

建设社会主义新农村,需要坚持农民主体地位,发挥农民的主体作用。农民是农村的主人,也是新农村建设的主力军。新农村建设要实现"生产发展、生活宽裕、乡风文明、村容整洁、管理民主"的目标,目标的实现需要依靠农民力量。新农村建设中,"生产发展"依靠的力量是农民,需要农民去田地劳动,通过努力实现农产品产量的增加,实现农业生产的发展;"生活宽裕",依靠农民发展生产力,促进农业增产农民增收,实现生活宽裕的目标;"乡风文明",要求农村有好的风俗习惯,只有农民有新的精神风貌、好的生活习惯,维护基层设施,才会促进乡风文明的实现。

(一)社会主义市场经济发展需要发挥农民的主体作用

社会主义市场经济不仅包括商品经济也包括农业经济,农业经济是市场经济不可缺少的一部分。农民是农业经济的主体,是市场经济的一个独立主体,是市场经济不可缺少的成员。建立市场经济需要各种经济主体的参与,要求参与的经济体顺应市场经济规律,调整自身的生产经营。农民按照市场经济规律的要求,调整农业生产和种植,提高自身的能力适应市场经济规律。市场经济的建立,表现农民是独立主体,市场经济的运行需要发挥农民主体作用,并融入市场经济运行规律中,发挥农民主体作用。

(二)知识经济的到来需要发挥农民主体地位

21世纪是知识经济时代,商业经济需要知识作依托,农业经济发展需要农业知识和技术的支持。农民掌握了农业科技知识,才能实现科技知识的有效推广。农业经济发展需要发挥农民的主体作用,掌握农业科技知识并应用科技技术。互联网时代是人才的时代,需要农民专业合作组织在发展中坚持农民的主体地位,坚持农民主体地位可以实现农民文化素质的提升,维护农民的利益,实现合作社的民主科学管理。以合作社为载体坚持农民主体地位,通过坚持农民主体地位促进合作社的发展,带动农村经济的发展,促进新农村建设。新农村建设背景下以农民为主体的合作社,保障了农民的权利和利益。再依靠政府的引导宣传,带动农民社员的主动性。政府加大对合作社创始人的宣传力度,加大对优秀农民社员的宣传力度,对有杰出贡献的农民社员进行物质奖励和精神奖励,带动农民建立和发展合作社的积极性。农民主体地位实现前提之一是要发动农民的积极性和主动性,使农民认识到自身在合作社中的主体地位。政府通过榜样人物的宣传,使农民意识到自身也可以做好事情。促进农民对自身能力的认可,带动农民社员创办和经营合作社的动力,推动农民社员在合作社建设中积极性和创造性的发挥,实现农民社员在合作社中的主体地位。政府政策具有强大的导向作用,通过政府的财力和政策支持,促进农民在合作社中主体地位的实现,促进合作社的发展。

(三)规范合作社经营管理,确立农民的经营主体地位

规范化管理是现实农民在合作社中经营管理权利的一种途径。通过规范化管理,落实农民社员对合作社的经营权和决策权。首先要严格按照《农民专业合作社法》规定,合作社中农民社员的数量占总人数的80%,避免过多的企业、团体组织建立合作社,掌握合作社的经营管理权,侵害农民的利益;如果合作社中非农民社员人数多,农民社员人数少,非农民社员就有可能霸占农民主体地位,侵占农民应享受的权利。

通过规范合作社经营,确立农民社员在合作社中的经营地位,提高农民社员经营决策能力。开办合作社成员大会,并定期召开成员大会,确定专门会议记录人员,记录大会的内容;采用会议点名制度,确保全体农民社员参加成员大会。对于合作社的一般活动事项,采用民主协商的方式解决,并落实到位;对于购买生产资料、销售农产品等经营项目,合作社应该召开会议共同

商议对策,采取"一人一票"的表决方式,决定合作社的经营方向和策略。合作社规范化管理,避免部分农民社员出于懒惰心理逃避合作社的经营和决策,充分行使自己的权利。合作社规范化经营管理过程中,保证农民社员参与合作社的经营管理权,体现农民社员在合作社中管理和决策的主体地位。

合作社采取规范化管理,体现农民经营主体地位,促进合作社的正规化发展,促进合作社长远发展。避免合作社非规范化发展,偏离了合作组织发展方向。坚持农民的经营主体地位,保障合作社规范化发展,使合作社的发展长久。

(四)落实合作社利润分享政策,保护农民的主体利益

实现农民社员的利益,是保障农民主体地位的一种方式。贯彻落实合作社的利润分配政策,按照合作社法规定的收益分配方式,以农产品与合作社交易额为基础进行收益分配,按照保底分红的方式进行利益分配;采取季度性、年度性和按月分配的形式,定期向农民成员分配合作社利润,避免出现合作社不分配利润侵害农民利益的情况,保障农民社员的利益,保障农民社员的利益主体地位。农民利益主体地位的实现,使农民社员体会到合作社的好处,推动农民社员的积极性和主动性,进而发挥创造性力量,促进合作社的发展。

在合作社发展中保障农民的利益主体地位,可以带动合作社的发展。合作社应该坚持发展特色产业和优势农产品,更大程度实现合作社的盈利,使农民社员享受更多的利益,带动合作社的发展。在坚持农民利益主体地位的前提下,大力发展合作社经济,农民获得更多的收益,促进农民的主观能动性,实现合作社的健康发展。保护农民主体利益地位,发挥农民自身的积极性和主动性,促进合作社的良性发展。

坚持农民利益主体地位的前提下,逐步形成以农民为中心的合作社文化,提升社员的凝聚力和向心力,避免农民社员出现见钱分社或者社员争权夺利的短视现象,使合作社半途夭折。坚持农民的主体利益地位,是促进合作社发展的有效途径之一。

(五)完善合作社的民主监督机制

开通各种渠道保障农民社员对合作社经营的知情权和监督权。依据合作社的经营状况,建立监事会和理事会,建立财务制度并定时公开合作社的

财务细则。合作社应该事务公开,方便农民社员对合作社的购买和销售行为进行监督;合作社应该设立财务制度,并公开财务细则,使合作社成员清楚合作社的收入和支出情况,社员清楚自身与合作社交易数量和交易额以及交易收益,维护农民社员在合作社中的监督权。农民拥有监督权,落实对合作社的监督,保障合作社规范化运行。落实农民社员监督权,是农民主体地位的一种体现方式。落实农民社员监督权,保障合作社的公开运营,避免出现不正规运作和个人暗箱操作的事件出现,避免合作社成为个人独裁式的组织,维护了农民的利益,保障合作社的正常发展。

四、新农村建设背景下以农民为主体的合作社实现途径

(一)通过农村职业教育和培训,提升农民主体地位

2005 年国务院颁发了《关于大力发展职业教育的决定》,全国职业教育工作会议强调说明:大力发展职业教育,是推进我国工业化、现代化的迫切需要,是促进社会就业和解决"三农"问题的重要途径,是完善现代国民教育体系的必然要求。

2012 年中央 1 号文件,明确提出加快培育新型职业农民。大力发展农业高等教育,加快中等职业教育免费进程,对未升学的农村初高中毕业生免费提供农业技能培训,培育现代农业"接班人"。落实职业技能培训补贴政策,大规模开展农村实用人才培训,造就有文化、懂技术、会经营、善管理的新型职业农民队伍。

作为教育体系重要组成部分的职业教育,特别是农村职业教育,承担着促进农村教育和农村人力资源向人力资本转变的职责,农村职业教育发展状况和水平直接影响着我国农村经济的发展。

农村职业教育可以理解为发生在农村地区,以农村人口为对象,对农村社会各种岗位所需要的就业者进行教育和培训,从而服务于农村社会发展。农村职业教育主要就是要使农村学生和农民获得农业生产所需的知识和技能,从而为农村经济和社会发展服务。教育具有拓宽人的知识面,开阔视野的功效。通过农村职业教育,农民社员扩大文化知识面,促进文化素质的提

高;通过教育接受新思想和新观念,打破农民社员传统思维局限性,提高对自身的认识,使农民社员重新认识其在合作社中的主体地位;通过职业教育,农民社员学习到专业技术知识,接触到管理知识和市场经济管理知识,提升农民管理合作社的能力,确保农民在合作社中的主体地位。农村职业教育具有提升农民主体意识、保障农民主体地位的作用。

(二)合作社的发展需要职业教育的智力支持

合作社的发展,一方面需要提高合作社产品的科技含量,需要农村职业教育和培训针对农产品生产、种植、储存等方面对农民社员进行指导和帮助;另一方面合作社发展需要发挥农民社员主观能动性,掌握市场营销知识和管理知识。职业培训可以针对农民社员知识薄弱点,加大对社员的培训,提升农民社员的能力,促进合作社的发展。

农民培训内容要从传统的种植养殖技术扩展到涵盖产前产后的相关领域,如农产品销售及服务、食品加工、农场管理等,以及从技术培训拓展到创业经营和就业技能培训。

当前我国农业劳动力素质及新型农民培训机构不能够满足农业现代化需要,具体体现在以下四点。

第一,我国农村劳动力文化水平低,以小学初中水平为主,与发达国家相比差距很大。2010 年,我国农村劳动力小学和初中文化程度占农村劳动力人口的 76.8%,高中程度为 12.1%,中专及大专大学程度仅占 5.3%。与发达国家相比,文化程度差距很大。

第二,随着城镇化进程的加快,大量青壮年农村劳动力转移,农村实用人才"非农化"发展,农村"能人"大量外流。农业劳动力老龄化、弱质化严重,带来的是农村的空心化,和农村社会的活力退化,当前农业劳动力素质呈结构性下降。

第三,现代农业对劳动力素质要求更高。现代农业是现代科技集约、具有现代产业组织特征的农业,要求从业者具有较高的文化和技术素质;现代农业与农业产业化、规模经营、激烈市场竞争相联系,要求农民要会经营、善管理,具备市场经济意识。

第四,我国目前的农民培训体制机制不能够满足培育新型农民的需要。一是培训内容不能够满足现代农业的科技化、产业化、规模化及市场化的需求;二是部分培训老师或缺乏实践经验,或知识结构老化;三是政府各级部门被动的、应付式地实施新型农民培育工程,效率有待提高,培训监督机制缺乏。

新型职业农民培育就是要为中国现代农业的发展提供合格的生产经营主体和后继者。大力培育新型职业农民应从以下三个层次有针对性地展开:首先,要对当前在农村从事农业生产的规模经营大户,农业龙头企业、合作组织中生产经营决策者进行培育,这方面可以借鉴日韩的法人经营组织的培育经验,特别注重实用技术的推广与经营管理能力的提升。其次,需要解决中国农业继承者的问题,要从长远的角度培育未来的新型职业农民。欲回乡从事农业的年轻劳动力,农业大专院校和中等职业学校毕业学生中存在潜在的农业从业人员,可能会是未来农业的经营者,要对其进行培育、引导,鼓励其从事农业。对这类人员培训可以借鉴日本培育回乡青年及"新规就农"人员的经验,除了技能的培训,必须要为他们成为职业农民、从事农业经营活动提供政策与制度条件。再次,围绕现代农业发展的需要,必须对农民培训机构的培训人员、课程以及培训方式进行改造。改变过去的农民培训仅仅重视学历的获得,单纯生产技术培训等方式。农民培训内容要从传统的种植养殖技术扩展到涵盖产前产后的相关领域,如农产品销售及服务、食品加工、农场管理以及从技术培训拓展到创业经营和就业技能培训,等等。

(三)发挥政府的引导支持机制,保障农民在合作社中的主体地位

坚持以农民为主体的合作社发展,需要发挥政府的主导支持作用。国家颁发的《农民专业合作社法》规范了合作社的经营细则,强调在合作社发展中坚持以农民为主体(农民社员占80%以上),在法律上确立了农民的主体地位。合作社是经营涉农产品(合作社以经营涉农产品为主,包括非农产品)的组织,由于农业是受自然灾害影响较大的高风险产业,农产品具有季节性和周期性的特征,农民的收益得不到保障。农业的高风险性决定合作社经营过程中存在局限性,合作社的发展需要政府的大力支持和帮助。

首先是政府资金的补助。农民社员收入水平较低,家庭储备基金不充足、筹钱能力弱,解决不了合作社资金短缺的问题,部分"销售大户"加入合作社,使部分农民社员处于合作社管理的边缘地带。政府的资金支持可以解决由于农民社员入社资金少而被排挤的状况,维护农民社员的利益,保障农民社员在合作社中的主体地位。部分合作社规模小、经营范围有限,农民社员仅仅获得合作社的技术和信息服务,农民在合作社中的经营和管理权受到限

制,农民只有被动接受服务,缺少发挥主体作用的场所,农民在合作社中的主体地位形同虚设。国家资金支持可以扩大合作社的经营范围、扩大合作社的规模,合作社规模扩大需要经营和管理人才,规模扩大为农民社员参与管理合作社提供平台,保障农民社员在合作社中的主体地位。国家应该划拨专项资金补助合作社发展,促进合作社的发展,维护农民社员的主体地位。

其次是地方政府的政策扶持。政府应该设立地方性规章制度,明确对合作社的具体优惠措施,切实保障农民社员的权利。《农民专业合作社法》强调金融机构对合作社的支持,地方政府制定地方性的政策,明确具体规模合作社接受对应的贷款额度,对提供优惠贷款的金融机构进行奖励,鼓励金融机构对合作社的资金支持。实现合作社资金来源多渠道化,避免社员之间由于出资额的差别,社员被人为地划分等级,保证农民社员的权利,维护农民的主体地位。地方政府针对农产品加工类的合作社,采取征收一般纳税人税收措施,降低对农产品加工合作社增值税的征收,贯彻落实对合作社免除营业税的优惠政策,减少合作社的经营负担。通过职业教育和有针对性的培训,使农民社员了解市场经济规律和组织管理知识,提高农民社员经营和管理水平,实现合作社科学管理。大力发展职业教育和培训,农民通过学习技术降低农业生产成本,提高农产品科技质量,提高农产品市场竞争力。通过管理类课程和市场营销类课程的学习,提高农民社员管理合作社的能力,促进合作社的发展,实现农村经济的发展。通过长时间的职业教育培养高素质人才,为合作社提供有文化、懂技术的人才。通过短时间的培训提高农民社员对农业技术的掌握,扩大农民社员科技知识的学习,提高在合作社中的话语权。合作社的发展需要职业学校输入高素质的人才,需要培训组织为合作社提供专业的农业技术指导。合作社与职业教育是相互促进、密不可分的关系。

(四)职业教育与合作社加强联合

近些年来,国家加强中央农业广播电视学校建设,开展基层农技推广机构建设和职业教育基础能力建设,新型职业农民培养条件初具规模,但还不能完全满足广大务农劳动者培训需要。下一步需要在有效整合和利用资源上下工夫。农民培养具有明显的公益性,政府责无旁贷,各级政府应把培养新型农民纳入工作日程,采取有效措施,调动社会各方面的积极性,发挥现有各类培训资源作用,建立政府扶助、面向市场、多元办学的农民教育培训体系。

国外合作社发展经验表明,合作社发展必须加大与职业教育的合作。国外职业教育发展中加入了合作社教育内容,并注重理论联系实际,在教育中加入农业科技知识。中国职业教育的发展,应该借鉴国外的成熟经验,注重职业教育与地区产业的联系,促进经济的发展,注重对学员实践知识的教导。职业教育学院与合作社开展联合产业基地建设,依托学校的科技优势,借助合作社的场地优势,实现优质产业基地的建设,带动当地农业产业结构的调整,促进农民增产增收。

职业教育加大与合作社的联系,职业学校向合作社输送专业人才,实现合作社和职业教育的共同发展进步。职业教育是教育体系的重要组成部分,是社员增长知识的一种实现方式。农民社员通过职业教育和培训,提高自身的素质,实现对市场经济知识的了解,加大对合作社的贡献,促进合作社的发展,实现农村经济的发展。

(五)因时、因地制宜,开展合作社知识与技能培训

"十一五"期间,国家重视教育发展,高等教育、义务教育、职业教育都发展得很快。但面向留在农村真正种地的农民的教育和培训,仍然是一个薄弱环节。

要研究农民教育培训的规律和特点,大量农民工不可能都集中在大城市,关在校园里培养。要尊重农民的意愿和要求,让农民教育培训更加方便、快捷以适应现代农业发展的需要。一些地方和部门正在探索送教下乡的方式,探索农民教育的新途径。培训区别于学校教育,具有时间短、针对性强的特点,满足在短时间内掌握知识的要求。合作社要适应变化的市场经济要求,要求农民社员掌握市场经济知识和农业科技新技术。培训可以实现农民社员对新技术知识的要求,使农民在短时间内掌握市场经济知识,学习新的农业科技知识。结合当地的实际情况,根据农民的知识水平和对文化知识的需求,因地制宜地制定相关的条例,对农民进行培训和教育,促进农民知识的增长,促进合作社的发展。添加合作社的教育内容,使农民社员满足合作社的要求,发挥在合作社中的作用。培训是教育体系的一部分,可以在短时间内起到促进学员文化和技术增长的作用,实现学员对知识和技术的要求。

培养新型职业农民,应以满足现代农业发展对农村农业人才的需求为出发点,应立足中国现代农业产业布局和各地农业发展实际,将培养内容与地

方主导产业紧密结合,围绕各地现代农业发展急需的关键技术、经营管理知识及市场信息等开展教育培训,同时开展思想道德和文化素质培养,全面提高农民综合素质。还应结合农业生产特点、农民教育规律和学习特点,采取送教下乡、教师进村等农民易于接受的方式,把教育培训办进农村、办进田间、办进合作社和农业企业,实现就地就近培养,农民需要什么学什么,实现不离乡不离土,方便、快捷地让农民接受教育培训,开创农民培训模式。

(六)促进全国合作社产业化联合发展,实现合作社规模化经营

中国合作社发展时间较短,发展过程中存在不符当地经济情况而开办合作社的现象。部分地区存在合作社规模小难以发展、人员较少、资金短缺的困境,严重阻碍了合作社的发展。合作社发展中存在一些突出问题,如同一地区合作社交流少的问题(合作社发展类似于企业的发展,同行是冤家)。同一地区间相同类型的合作社、同一地区不同类型的合作社以及不同地区间和行业间的合作社联系少,制约了合作社之间的交流和合作。应该加大合作社之间的联系和合作,促进地区间合作社的合作,逐渐形成联合社,改变单个合作社力量薄弱的缺陷,增加抵抗市场经济风险的能力。

在浙江和河南等地,合作社之间联系很少,基本上是乡镇之间的合作,跨县合作社比较少,跨省的合作社更少。我国的具体国情是人多地少,适合在坚持家庭联产承包责任制前提下,发展合作社,促进合作社规模扩大,实现合作社的规模化经营。加大同地区间和同产业间新农村建设背景下以农民为主体的专业合作社间的联系和合作,形成群体规模化的生产,进一步降低交易费用,延长产业链条,逐步向产业生产链条的上游乃至下游延伸,实现农民社员产品利润的增加,实现农民增产增收,促进农业经济的发展。这种经济效益需要同一地区合作社的集合,需要省市范围甚至是全国范围内合作社的联合。中国应借鉴西欧国家的合作社范围覆盖全国的模式,以小聚大形成外部规模效益,进一步整合合作社的力量,通过农业产业和产业间的积聚力量,实现农业经济的快速发展,真正实现农民增产增收。

发展合作社的直接成效是促进农业生产,带动农村经济的发展。在合作社发展过程中需要发挥农民的主体作用,实现了农民主体地位。农民主体地位的实现与合作社的发展是相辅相成的互补关系,在合作社的发展中逐步建立和实现农民的主体性。

▶ **基础训练**

素质题：介绍身边合作社实例，大胆预测合作社未来发展趋势。

技能题：结合家乡合作社，谈谈对新农村建设发展的作用。

知识题：论述新农村大发展前提下合作社组织的重大作用。

参考文献

[1] 徐旭初.农民专业合作经济组织的制度分析[D].杭州:浙江大学,2005.

[2] 夏英,牛若峰.重构农村合作经济的几种思路[J].经济学文摘,2000(3).

[3] 孙亚范.新型农民专业合作经济组织发展研究[M].北京:社会科学文献出版社,2006.

[4] 李润韬,王英.提高农民组织化程度解决小农户和大市场之间的矛盾[J].辽宁农业职业技术学院学报,2005(3).

[5] 吴敬琏.小农户如何适应大市场[J].中国改革:农村版,2008(2).

[6] 黄祖辉,梁巧.小农户参与大市场的集体行动——以浙江省箬横西瓜合作社为例的分析[J].农业经济问题,2007(9).

[7] 郁建兴.新农村建设与土地制度改革——与浙江桐乡市委书记费建文的对话[J].中国党政干部论坛,2007(10).

[8] 张红宇.中国土地调整与使用权流转:几点评论[J].管理世界,2002(5).

[9] 张红宇,刘玫,王晖.农村土地使用制度变迁:阶段性、多样性与政策调整[J].农业经济问题,2009(2).

[10] 赵凯.中国农业经济合作组织发展研究[D].咸阳:西北农林科技大学,2003.

[11] 中共中央国务院关于"三农"工作的一号文件汇编[M].北京:人民出版社,2010.

[12] 建国以来重要文献选编[M].北京:中央文献出版社,1992.

[13] 黄祖辉,赵兴泉,赵铁桥.中国农民合作经济组织发展:理论、实践与政策(论文集)[M].杭州:浙江大学出版社,2009.

[14] 徐旭初,黄胜忠.走向新合作——浙江省农民专业合作社发展研究[M].北京:科学出版社,2009.

[15] 张晓山,苑鹏.合作经济理论与中国农民合作社的实践[M].北京:首都经济贸易大学出版社,2009.

[16] 韩俊.中国农民专业合作社调查[M].上海:上海远东出版社,2007.

[17] 韩俊.中国经济改革 30 年(农村经济卷)[M].重庆:重庆大学出版社,2008.

[18] 杨德寿.中国供销合作社发展史[M].北京:中国财政经济出版社,1998.

[19] 王桧林,郭大钧.中国现代史(第二版)[M].北京:高等教育出版社,2003.

[20] 中国近现代史纲要[M].北京:高等教育出版社,2007.

[21] 白立忱.外国农业合作社[M].北京:中国社会出版社,2006.

[22] 李文斌.农业双层经营体制的理论与实践[M].兰州:兰州大学出版社,2009.

[23] 仝志辉.我国农村社会化服务体系的"部门化"及其改革[J].理论视野,2007(8).

[24] 奥尔森.集体行动的逻辑[M].陈郁,译.上海:上海三联书店,1995.

[25] 陈柳钦.社会资本及其主要理论研究观点综述[J].东方论坛,2007(3).

[26] 郑小鸣.信任:基于人性的社会资本——福山信任观述评[J].求索,2005(7).

[27] 速水佑次郎,神门善久.发展经济学——从贫穷到富裕(第三版)[M].北京:社会科学文献出版社,2005.

[28] 陈柳钦.日本农协的发展历程、组织、功能及经验[J].郑州航空工业管理学院学报,2010,28(1).

[29] 袁方成,蔡杨.合作与共赢:20 世纪日本农协发展的观察与启示[J].江南社会学院学报,2009,11(2).

[30] 焦海英.日本农村合作金融及其对中国的借鉴意义[D].杭州:浙江大学,2001.

[31] 杜朝运,张洁.农村合作金融的制度安排与绩效——日本经验及借鉴[J].福建金融管理干部学院学报,2006(3).

[32] 仝志辉,温铁军.资本和部门下乡与小农户经济的组织化道路——兼对专业合作社道路提出质疑[J].开放时代,2009(4).

[33] 赵继新.中国农民合作经济组织发展研究[D].中国农业大学博士学位论文.2003.

[34] 赵晓峰.农民合作——主观必要性、客观选择性和国家介入[J].调研世界.2007(2).

[35] 赵晓峰.社员类型、村庄"外人"和集体行动[EB/OL].三农中国网,2011—01—27.

[36] 贺雪峰.退出权、合作社与集体行动的逻辑[J].甘肃社会科学.2006(1).

[37] 杜吟棠.合作社:农业中的现代企业制度[M].南昌:江西人民出版社,2002.

[38] 冯开文.农村合作社知识读本[M].北京:中国农业大学出版社,2009.

[39] 牛若峰.当代农业产业一体化经营[M].南昌:江西人民出版社,2002.

[40] 张晓山.合作经济理论和实践[M].北京:中国城市出版社,1991.

[41] 冯开文,李军.中国农业经济史纲要[M].北京:中国农业大学出版社,2008.

[42] 胡卓红.农民专业合作社发展实证研究[M].杭州:浙江大学出版社,2009.